私营公司

管理致胜
36巧策

方军◎编著

中国华侨出版社

·北京·

图书在版编目 (CIP) 数据

私营公司管理致胜 36 巧策 / 方军编著 .—北京：中国华侨出版社，
2001.10（2025.1 重印）

ISBN 978-7-80120-568-1

Ⅰ . ①管… Ⅱ . ①方… Ⅲ . ①管理学 Ⅳ . ① C93

中国版本图书馆 CIP 数据核字（2001）第 069409 号

私营公司管理致胜 36 巧策

编　　著：方　军
责任编辑：刘晓燕
封面设计：周　飞
经　　销：新华书店
开　　本：710 mm×1000 mm　1/16 开　　印张：12　　字数：152 千字
印　　刷：三河市富华印刷包装有限公司
版　　次：2001 年 10 月第 1 版
印　　次：2025 年 1 月第 2 次印刷
书　　号：ISBN 978-7-80120-568-1
定　　价：49.80 元

中国华侨出版社　北京市朝阳区西坝河东里 77 号楼底商 5 号　邮编：100028
发 行 部：（010）64443051　　　　　传　真：（010）64439708

如果发现印装质量问题，影响阅读，请与印刷厂联系调换。

现在公司越来越多，竞争越来越强。大家都想赚钱，而且赚小钱不过瘾，还要赚大钱。真是谁也不甘落后，都认为自己能开个好公司，一夜之间都能拥有无数金银。应该讲，这种愿望是好的，没有什么错。关键是：怎样才能赚钱，怎样才能办好公司？不是光靠愿望就能办成的，要靠经验，要靠判断，要靠实战，更要能知人之所成，知人之所败，这就是说，有一些影响和决定公司成败的天规，必须引起你的注意。否则，你逾越了这些天规，忽略了这些天规，就只能面临可怕的后果。

我们都知道，有些人在市场竞争中之所以屡屡得手，是因为他能遵循天规办事，按照天规操作，不是随心所欲，想怎么干就怎么干。那么，到底有哪些绝对不能冒犯的天规呢？

这是本书即将告诉你的内容，也是集多年来在市场上百炼成钢的优秀企业家的心得，特别是 2000 年中国排名 50 富的座谈精髓，不妨一看。这些精选的天规是：在产权上绝对不能"吃独食"；在决策上只相信自己是冒险；没有长远打算，只能走一步算一步；

坐等机会，如同盼着天上掉下馅饼来；只钻空子，发不了大财；慢半拍的后果是被动挨打；不让有用的信息白白流失；不会盘活资金将寸步难行；切忌贪快，赚钱获利如同"滚雪球"；不必求全，搞活一块算一块；不懂管理，公司内部就会混乱；不会用好人才的人是蠢材；切忌近亲联姻，打破家族统治；千万不能自己给公司形象"毁容"；缺乏拳头产品，就别去比真功夫；不追求经营质量，效益就会"短命"；轻视服务，意味着自己断了后路；不考虑市场的营销是瞎折腾；不能扭亏为盈的都不是真正的赢家；不要头脑发热，开始盲目合伙经营；不守信誉，等于自己砸自己的锅；不知底细，谈判时就无法搞定对手。

　　上面这 22 条天规，是各种实战经验、成败得失结晶出的金玉良言，几乎触及办好一个公司的各个方面，都是人们最容易犯的错误，也是最让人们恐怖的误区。如果把它们书写在你办公室的墙壁上、存放在你的书架上、记忆在你的大脑中，你离成功就已经不远了，你已经站在了成功者的肩上。最可怕的和最愚昧的是把成功的天规当成废品，而自以为自己就是天规的创造者。请记住：天规就是必须遵循的警告，天规是你成功的天桥！

C目 录
ontents

辨清角色，才能不当糊涂官

做卓越管理者的几点要术

一个私营公司的发展前途，归根结底取决于经理和主管集团的发展趋势和方向。如果一个私营公司有一个健全的、不断更新、不断提高的经理和主管集团，它就能保持那永不枯竭的生机；反之，如果没有这样的经理和主管集团（指从最高的总经理和主管、副总经理和主管到各个部门的经理和主管所组成的各级、各层管理人员），私营公司的生命力就是短暂的、有限的，甚至是危险的。

从许多私营公司成功的经验看，不难得出这样的结论：要迁就或选择一个或少数几个好经理和主管并不难，但要组织成一个精明强干的、高效率、高水准的经理和主管集团却不容易；要找出在短期内干劲十足的经理和主管集团也不难，但要培养出长期的、持续的、强有力的经理和主管集团却是很难的。

问题是，谁都能干经理和主管吗？

美国总经理和主管协会认为，一流的经理和主管应该具备以下基本素质：

（1）堪为全体职工的模范，不孚众望，能合群。

（2）品德高尚，见识广博，工作勤奋，基本功过硬。

（3）头脑灵活，对时代有预见性的洞察力。

（4）有人情味，总能考虑别人的痛处，在部下、同事、上司、关系单位以及在主顾之间经常创造一种令人满意的气氛，像磁铁一样有吸引力，有领导才能。

（5）仅仅把经营管理阶层的意图向下传达是不够的，必须具有坚定的信念和勇气，把全体职工的真正声音带到最高决策层，并提出解决问题的建议。

（6）自觉认清私营公司对社会应负的道义责任和其他责任，并在行动中恪守无误，严守信誉，在任何情况下不为浮利轻举妄动。

（7）经营私营公司的思想基础必须是：把私营公司的收益与职工的生活福利联系在一起，使私营公司与全体职工形成一个不可分离的整体。

（8）有果断的判断、勇敢的实践和坚忍不拔的毅力。

（9）有旺盛的进取精神，有独创精神。

（10）遇到困难不畏缩，不是先考虑"为什么"，而是研究"怎样才能完成"。

（11）对上级不阿谀奉承，不光做面子上的事情。

（12）不文过饰非。

（13）不先私后公，必须率先弃私。

（14）不排斥别人，不踩着别人的肩膀，用虚伪手段花言巧语往上爬。

美国普林斯顿大学莫顿教授提出，卓越的经理和主管有下列 10 条特征：

（1）合作精神。愿与他人一起工作，能赢得人们的合作，对职工不是压服，而是说服。

（2）决策才能。依据事实而非依据主观想象进行决策，具有高瞻远瞩的能力。

（3）组织能力。能发挥部属的才能，善于组织人力、物力、财力。

（4）精于授权。能大权独揽，小权分散；能抓住大事，而把小事分给部属。

（5）勇于负责。对上级、下级、产品用户及整个社会抱有高度责任心。

（6）善于应变。权宜通达，机动灵活，不抱残守缺，不墨守成规。

（7）敢于求新。对新事物、新环境、新观念有敏锐的感受能力。

（8）敢担风险。对私营公司发展中不景气的风险敢于承担，有改变私营公司面貌、创造新局面的雄心和信心。

（9）尊重他人。重视采纳他人意见，不武断狂妄。

（10）品德超人。有良好的品德，能为社会和私营公司职工所敬仰。

美国哈佛大学管理专家罗克认为，私营公司经理和主管人员应具备如下10项能力：

（1）思维决策能力，即能在几个方案中选择一个较佳的方案。

（2）规划能力，即对事务进行计划、制定实施步骤的能力，以及调查研究能力与组织能力。

（3）判断能力，即对事物的是非曲直进行判断的能力。

（4）创造能力，工作中能不断提出新的想法，措施和工作方法。

（5）洞察能力，能透过现象看到本质，预见事物的发展和变化。

（6）劝说能力，对其他领导成员、对下级能进行说服，使他们同心协力进行工作。

（7）对人理解能力，即能掌握每一类型人的性格、特点的能力。

（8）解决问题的能力，特别是善于发现问题。

（9）培养下级的能力，了解下级的需要，对下级善于进行教育，以提高他们的素质和工作效率。

（10）调动积极性的能力，能采用巧妙的方法使下级人员积极、主动地工作，而不是被动的单纯听从命令、指示。

美国《新闻与世界报道》杂志署名文章，提出 21 世纪的经理和主管应是：

（1）全球战略家。21 世纪的私营公司家必须懂得如何在国际环境中开展业务。未来的世界中，各国将互相依存，成为贸易伙伴，并以跨国经营、国际资本的流动形式，组成和谐的整体。私营公司家必须适应快速的、大规模的市场变化，能展望 5 ～ 10 年的形势，并以全新的指导方针领导私营公司。

（2）技术的主人。私营公司要不断地创新，要利用新技术生产更佳产品。目前，信息处理费占管理费用总额的 40%。私营公司家必须具备应用电子计算机的能力。利用电子计算机可以加快文字处理速度，可以通过键盘了解一系列信息和数据。

（3）杰出的政治家。私营公司越大，在全球范围的业务量也就越多，私营公司的主要领导人应是一位优秀的政治家。未来属于"巨型私营公司"或几十亿美元财团的全球联盟，其领导人要善于处理大型私营公司经济利益与地区性经济利益之间的一切关系。

（4）领导者与鼓励者。要想使私营公司度过激烈变更的时刻，私营公司家必须有双倍的胆略和超人的能力。他们应是"教练"，而不是"指挥官"，对下属要有足够的凝聚力，能说服大家风雨同舟，同甘共苦。

通过上面来自三个地方的评判，我们发现，私营公司管理者必须是一个全面发展的管理者，而他的管理思想都源于他的智能，这是保证他管理致胜的前提。

从事管理工作的重要环节

经理和主管被赋予坐镇指挥的权力，实际上就是面临一种挑战，而且这种挑战就是考验经理和主管能力和脑力的机会。或者说，经理和主管人就是在各种各样的挑战中，才能把坐镇指挥的本领充分表现出来，也是对自己脑力的一次次挑战。

从被管理者到管理者，需要转换角色，迎接新的挑战。一旦你当上新经理和主管，你将面临内外各方面的压力，你要懂得如何取才、用才、留才，你要注意协调好各方面的关系，还要疏通各种渠道。

刚开始，你心里可能不踏实，不知自己能否胜任这一工作，干技术出身的人甚至会在技术与职务之间衡量得失。其实，任何人都不是天生的管理者，所有的新经理和主管都会经历这样一个心理过程。

当你扮演新的角色时，不妨把你初次获得的印象——列在工作日记上。有一位经理和主管，从他走马上任那天起，就坚持记日记，把每天的所见所闻、所思所想记录下来，不时回顾，进行总结。这使他获益匪浅。他告诉我，这是他对新职务胜任愉快的一个主要原因。一方面，他每天有意识地收集一些新信息，思考一些问题；另一方面，他不断总结出许多过去所不曾了解的新经验。

善于思考，经常有意识地总结经验，是搞好工作、增长才干的重要环节。

现实生活中，凡成功的一定有其正确的方面，不妨总结一番，找出其中的规律，做到打一仗进一步。同时，凡失败和挫折的地方，也一定有其不合理的方面，也可通过总结，找到它的原因，做到吃一堑长一智。成功了，不占糊涂便宜，不当作侥幸的结果；失败了，不吃糊涂亏，不怨天尤人。

有些经理和主管虽然在工作上辛辛苦苦，在道理上却稀里糊涂；他们中有些人勇气有余，说干就干，但思考不足，干完就算，从来没有总结总结，回顾回顾。

故各位新经理和主管上任后，不妨坚持每天记日记，时时留心，养成随手记事的习惯，同时不断总结，使认识日益提高，工作更有起色。

迎接挑战的另一办法是尽早规划。

"凡事预则立，不预则废"。在走马上任之时，新经理和主管要尽早规划。经理和主管可以找一个安静的地方，把事情从头到尾都考虑一遍，做到心中有数。

你可以设想如下问题：

①我希望达到什么目标？

②我将采取什么样的管理风格？

③我如何改善与员工的关系？

④我计划多久检查一次工作？

⑤我打算如何进行工作检查？

⑥需不需要重新进行人员组合？

当然，每个人面临的情况不一样，其思考的问题也不同。但任何地方，一个新经理和主管上台后，内内外外，上上下下，前前后后都有许多纷繁难理的事情。

为此国外有管理学家提出"4R"方法，即要求、评估、回报和尊重（"R"是这四个英文词的第一字母）。

"要求"即你对员工的要求是什么？你的期望是什么？你打算怎样把这些告诉他们？

"评估"即你打算如何评估他们的工作？你将如何评定他们是否实现了你的期望？你将如何与他们讨论这件事？

"回报"即你将如何回报出色地实现了目标的那些人？你将如何分配稀少的资源，例如增加工资、发放资金和晋升职称？

"尊重"即你将如何获得并保持员工的尊重和信任？尊重和信任是要花

费时间才能建立起来的，务必始终如一。同时表明你的观点，让员工知道你对他们的期望。尽早制订准则。这些一旦实施，他们不会感到突然。信任意味着责任、预见性和可靠性；而尊重意味着钦佩和赞赏。

虽然每个国家都有自己独特的国情，每个私营公司都有自己的特殊情况，但一个私营公司行之有效的管理方法还是可为我们提供一些有益的借鉴的。

另外，还有一些经验可供你参考。

（1）开始新工作之前，决定你要达到的目标。

"兵随将转"。只有确定目标，有了旗帜，行动才有指南，否则如水中浮萍，难以到达成功的彼岸。

（2）把起初的几个星期花在了解你的员工上。

如果你是在一家新私营公司进行管理，那么应该花点时间去弄清楚每个员工在做什么。读一读他们的人事档案，与他们建立密切的关系。

（3）从容不迫地处理事情。

事情的解决不会一帆风顺，俗话说"欲速则不达"。越是处理纷繁复杂的事，越要从容、冷静。其次，事情不会如设想的样样如意。新经理和主管要做好这方面的心理准备。

（4）把精力集中在重要的事情上。

"擒贼先擒王，射人先射马"。新经理和主管要善于分清轻重缓急，抓住重点。若不分主次，眉毛胡子一把抓，核桃栗子一齐数，其结果可能是螃蟹吃豆腐——吃得不多，抓得挺乱。

（5）积小胜为大胜。

千里之行，始于足下。荀子有言："不积跬步，无以至千里；不积小流，无以成江海。骐骥一跃，不能十步；驽马十驾，功在不舍。锲而舍之，朽木不折；锲而不舍，金石可镂。"

认真做好每一件事，就可积少成多，积小胜为大胜。

把最好的脑力运用在经营术上是人生成功的标志。缺乏脑力的挑战，既是人生的平淡，也是生意场上毫无作为的表现。在这里，当你已经登上经理和主管位置的时候，实际上你就已经开始在锻炼自己的脑力，接受挑战了。

也许，世界上最厉害的经营者就是一个后劲十足的脑力先锋，而哈佛私营公司管理者的成功之路就是：宁可多丰富自己的脑力，增加对私营公司内外大大小小事情的观察力和判断力，也不愿只低头走路。

身先士卒，让人心服口服

让下属多一份信任

如何塑造自己的威信至关重要，因为威信是权力的延伸。

私营公司管理者喜欢用威信控制别人，而厌恶成为权力的魔鬼。

改变下属最好的办法是信任，即"我相信你一定可以做得更好"，只有这种方式，才能让下属从心底里接受，并主动改变自己。

如何才能跟下属建立起充分的信任关系呢？

如果你想获得驾驭别人的无限能力，如果你想唤起别人对你的信任，你就要按照下面的五项指导原则去做：

（1）做事要永远诚实可靠

我们认为这条原则对任何人都不例外。当然，我们的意思并不包括你通过对别人说实话去故意侮辱他或伤害他的感情。如果你说不出对一个人有什么好处的话来，那你最好就什么也别说。你只管盘算自己的事情好了，不要打别人的主意。我们认为你自己的事情就足够你忙的了，哪还有什么闲心去管别人的事情。

（2）说话要一诺千金

如果你想让人们充分地信任你，那你必须做到一诺千金。为了确保你永远说话算数，你要记住下面三点：

①没把握办到的事就不要轻易许诺。

②不要做出无能力坚持下去的决定。

③不要发布无力强制执行的命令。

（3）在你的所有书面声明中，措辞都要准确、真实。

你一定要牢牢记住，你在任何文件上的签名，或者在任何信件上的签名，都像你同一个人面对面说话一样的重要。当你在一张支票上签名的时候，你的签字就是保证你在银行有足够的钱去付支票上的钱数。你在工作岗位上签字，你在各种事务上的签字，都像你签署支票一样具有相当的分量。

（4）支持你认为正确的事情

只要是自己认为正确的事情，就要坚持到底，无论结果可能是什么样的。不要妥协，更不能出卖自己的原则，在原则上总是妥协让步，就意味着你将把自己的诚实、自己的责任感和个人荣誉置于不顾的位置。

（5）当你做错了事的时候，你应该理所当然地接受批评

如果你有了错误，就应该有勇气说承认错误的话。如果你犯了错误而且也确实认为毛病的根源在于你，那你就应该心平气和地接受别人的批评和谴责。如果你能做到这一点，你就会获得驾驭别人的无限能力。

信任你的忠实的下属吧，只有这样他才肯听从你的话改变自己！

私营公司管理者也只有这样做，才能建立自己的威信，成为一名好领导。

成熟老练地指挥左右

作为私营公司管理者，不论做任何事，都应该显得比下属更成熟老练，

更有礼貌，更能始终保持自己的风度和尊严。

所谓成熟老练乃是指在不触犯任何人的前提下，适时地把话说得圆满或把事情做得得体的一种个人能力。当你与老练的人打交道，或处理棘手的事情的时候，那就需要机智灵活、成熟。遇事要针对具体情况始终保持敏锐而清醒的公正之心。

要想处事成熟老练，你必须时刻理解人性，要对别人的感情加以设身处地地考虑。在与别人打交道的每时每刻，机智灵活、成熟老练是非常重要的。

礼貌也构成了处世成熟老练的一部分。无论你是在与上司打交道，还是与下属打交道，你都不能有不客气、不礼貌的表现，也可以说，同任何人来往都必须以礼相待。谁知道哪个人日后可能成为你的上司？！

如果你需要别人对你以礼相待，你也就得不折不扣地待之以礼。否则，你就会显得傲慢，显得瞧不起人，显得缺乏教养。

下面是你可以用来发展成熟老练和礼貌的 5 种技巧：

①仪表要永远显得愉快、乐观；

②凡事多为他人着想；

③多向善于处理人际关系的人学习，反复研究他的处世方法；

④要在思想上和行动上都搞好合作；

⑤对人要保持宽容忍耐的态度，自己活好也让别人活得好。

要树立个人榜样，要树立光辉的形象，为了不在指责或批评人时加进个人因素的成分，需要你始终保持尊严。许多人认为尊严只是首长、私营公司家等一些大人物需要保持的东西。他们给人的感觉似乎是面部表情严肃，经常穿着参加葬礼时那样的黑色西服，打着黑色领带，从来不苟言笑。有人可能把这称之为严肃，但那的确不是尊严。

尊严，首先表现出一种高尚的令人尊敬的状态，那意味着一个人在任何时候都完全具备控制自己感情的能力。

例如，一个管理人员说话粗暴，声音大，语言低俗下流，饮酒过量，在生气的时候完全失去感情控制，这些都是有失尊严的表现，都是愚蠢的表现。

这种人是个十足的大傻瓜，一般说来很快就会完全失去下属对他的尊敬。这表明他不配作为一个管理人员，一个执行人员，或者一个上司。如果他还在位，恐怕也不会做长久。一旦你失去下属对你的尊敬，要想再恢复，恐怕是不可能的。

一个成熟老练、彬彬有礼、风度翩翩的领导，才是下属心目中最完美的上司甚至偶像！

因此，一马当先，严以律己，从我做起是私营公司管理者不可或缺的驭人术；反之，有头无尾，放任自己则是私营公司领导之大忌，他必定无法在下属面前建立权威感，没有一定权威的领导，岂能统率他人？

勤思多问，防止出现工作死角

发挥自己的专长最重要

要想取得管理致胜，私营公司管理者必须有自己的专长，这一点不同于传统式经理和主管。

研究结果发现，有一种能吸引别人自动追随你的重要力量源泉，而使你成为他们的无冕领袖者——那就是专长。

何谓专长？所谓专长就是在某件事物上有高深知识或巧妙的技巧。任何方面都可形成专长，不管是行销、企管、股票交易、档案管理、投资、买卖车辆、贷款、玩保龄球或棒球，甚至是如何吃、如何穿，或是如何慢跑和修草地，都可以形成你的专长。人类的一切所作所为都可以形成专长。

接下来，你必须明白专长能力使你成为领导人物的重要性。任何专长都会使某些人找你当他们的经理和主管。不过最重要的一个因素是：你的专长正合乎周围人的需要。譬如说你保龄球打得很好，正好你的私营公司有很多喜欢玩保龄球的人，他们就会找你当领导者；假若这家私营公司玩保龄球的人很少，你想当无冕领袖就不能靠玩保龄球这项专长，因为只有很少人有兴趣。

你可以由自己的专长来衡量自己当经理和主管的机会有多少。其次，要利用专长来增加你做经理和主管的机会就必须确定你的专长是团体所需要的；换句话说，你要使你的专长符合周围的人的需要。如此，你将增加领导别人的机会，而在领导的过程中，你同时也得到自信。

在第二次世界大战以前，巴顿所以能升成将军，有一个主要因素是因为他熟悉坦克。在第一次世界大战中，巴顿 29 岁已升到上校，他领导着第一支在战场上作战的坦克部队。由于预算裁减，陆军必须裁掉若干坦克，巴顿又回到骑兵部队去，军衔一下恢复到中尉。到了 1940 年，他又一路奋斗升回到上校。当时陆军很快又将他升为将军。

有些私营公司界的平步青云者，因为同样的原因迅速升到顶峰位置。这包括创立苹果电脑的史提芬·杰伯，克莱斯勒汽车的李·艾科卡，MCL 董事长威廉·麦高文，联邦快递创办人兼董事长佛瑞德瑞克·史密斯，以及其他很多的人。他们都有一个共同的贡献——具有对别人某种重要性的专长。

假若你认为雷依·克洛克会成为亿万富翁，只是因为他进入到汉堡这一行，那你就大错特错了！在他创立麦当劳以前，已有太多制作汉堡的私营公司；而当麦当劳每年都在成长之际，其他私营公司却在亏本。克洛克虽然没有发明汉堡，却为汉堡业开创了新局面，因为他早就培养好这方面的特殊专长。他不但懂得如何做出好吃的汉堡，而且还知道如何让别人认定他的产品价廉物美。他联合运用统一配销、品质管制以及诸如量杯的技巧，使一个高中学生也可以制作出好品质的汉堡来。不管世界各地，麦当劳汉堡质量都是一样——都是一样的好。

假若你要人们肯定你，甚至寻求你做他们的非正式经理和主管，你唯一要做的就是培养他们所需的专长。

求取专长是件极有趣的事，不但有趣，而且似乎是个极大的秘密，因为太多人不知道这项秘诀——只需要五年不到的时间，你就可以成为任何方面的专家。当然这只是条件之一，另外你还得做努力。

杰伯和伍兹尼克在创立苹果电脑私营公司时，只不过是两个由大学退学的学生，但后来成了千万富翁。只是，他们在高中时代就已学习如何设计电脑，这段时间使他们成为电脑专家，时间正好大约是五年。

肯尼斯·古柏博士在防止心脏病突发上，对人类的贡献也许比任何人都要大。当他还是一名空军飞行外科医师时，他就研究发展出有氧训练这个观念。在这方面他写了不少的书，做了无数次的演讲，并在达拉斯设立了有氧训练中心。他协助数以百万计的人走向健康之路，使数以百万计的人免于不必要的早死。他的努力推动了全球的人做慢跑、散步、骑自行车、游泳和其他各种健身运动。

当年古柏首次提出他的研究报告，建议整个美国空军实施有氧训练时，并没有被接受，有些更资深、经验丰富的飞行医师不相信这有什么用。他们不能相信在这样短短的期间内，一个人能培养这么多专长。

实际上，从古柏首次发表他的学说——有氧训练对心脏运动的关系，到他成为这方面的专家正好只有五年。

假若你还是怀疑成为专家所需的时间，你可以做一点研究，你可以去看一些报章杂志和书籍，研究那些在事业上有所成就的男女。建议你研究那些年轻的成功男女，免得你受了自己的愚弄，将这些人的全部经历都算进去，而不是只算他们获得某项专长的时日。

譬如说，桑德斯上校开始以他的家传秘方出售炸鸡，建立起全球性的肯德基炸鸡连锁店时，年龄已超过 62 岁。

你可能说他是以一生的经验获得了这项专长，你完全错了。在 62 岁之前，桑德斯根本还没开始学习炸鸡的事。

我们建议你研究那些年轻成功者的事迹，并不是因为年龄稍大的人不能成为超级成功者，他们一样可以。桑德斯和克洛克只是成千上万这类例中的两个。不过，要是研究较年轻者成功的例子，你就不会怀疑他们到底花了多少时间获得使他们成功的专长。

这并不是说要你专找五年得到成功的例子，有时成功所需的时间或许要长一点。同时我们在这里也不是讨论成功所需的时间，而是谈有关获得专长的时间。假若你想成为飞行、空手道、舞蹈、行销或经理和主管方面的专家，你是可以做得到的。你绝对可以获得这项专长，而且花费的时间只要五年，或五年以下。

但是你千万别忘记，专长不会自动形成，你必须努力求取。假若你能和杰伯、伍兹尼克、古柏以及其他许多成功的人一样，努力去求取专长，你会得到，人们也就会找你做他们的经理和主管。

不能缺少应有的胆量

一般来讲，管理者要在公司事务方面取得突破性进展，必须有冒险的胆量和竞争的冲动，否则都是小打小闹，不见大的起色。

对所谓冒险的胆量和竞争的冲动，或者如人们通常所说的"竞争意识"，我们可做如下概括：对于一个具有良好的这种心理素质的人讲，当他一听见、一想到、一谈起竞争（私营公司竞争、人才竞争、工作竞争、家庭竞争等），心里就油然而起一种不可抑制的兴奋，跃跃欲试。显然，培养具有竞争意识的私营公司家，以及培养具有良好竞争意识的青少年，仍然是摆在人们面前也是摆在我们自己面前的一项艰巨任务。

人们通常老是挂在嘴边的"竞争观念"，按我们的看法，其内涵就是三条：

一是"竞争是不可避免的"，二是"竞争是充满风险的"，三是"竞争对于有本事又有所作为的人来说，又是十分诱人的。"这就是说，在市场经济条件下，没有什么地方可以作为避风港，连家庭都一样，人们应直面竞争，而不要试图躲避竞争风浪；而正视竞争，参加竞争，就一定会有风险的，人们不要怕风险，积极的做法是把风险降低到最低限度，或者把风险转化为机会；中国有句古话，叫做"沧海横流，方显出英雄本色"，大浪淘沙，才能解决鱼龙混杂的局面，显现出精英人物，否则，没有竞争，只会让平庸之辈弹冠相庆。所以有水平的人，有能力有才华的人，想干一番事业的人，是感到竞争有特殊的诱惑力。因为只有竞争，才可能使他一显身手。

应当指出，这种良好的冒险胆量和竞争冲动的心理素质，乃是一种成熟的心理素质，它并不等"盲动"，也不同于赌场中那些赌徒的赌博、侥幸一搏、撞大运的心理品质。这一点经济学家熊彼特说得很明白："所谓'大胆地冒险'，并不是盲目蛮干，而是以全面掌握有关事业和知识的谨慎周密的判断为基础，比他人抢先得到获取利益的机会。"

艾柯卡献身福特汽车公司 32 年，凭借实力和才干登上福特公司总裁的宝座，为福特公司建树了辉煌的成就。然而，当他 54 岁时却突然被解职，一夜之间使他从最令人羡慕的公司界风云人物跌入了失意的深谷，成为当时轰动全美公司界的一桩大事。但是，作为私营公司家的艾柯卡，并未从此一蹶不振，他在痛定思痛之后，冒险的胆量和竞争的冲动使他愤然而起，4 个月后，出任濒临倒闭的克莱斯勒汽车公司总裁，不久兼任董事长，他曾以他公司家特有的巨大魄力，将 35 名副总裁削减为 2 名。经过艰苦卓绝的奋斗，6 年之后，使克莱司勒公司盈余 24 亿美元，仅次于福特汽车公司。在艾柯卡身上，最好地体现了一个公司家所具备的冒险的胆量和竞争的冲动的良好心理素质，它显然和"盲动"是风马牛不相及的。

为什么要冒险，是因为经营机会具有如下特点：

（1）机会具有意外性。

这就是说，人们（私营公司）在有意识、有目的生产经营活动中，并不能完全预知在所从事的活动之外，一定会出现"机会"这个不速之客来介入到经营活动之中，并不能预知"机会"在什么时间、什么地点、会以什么样的方式和"新的面目"，会伴同哪些其他的有利的或不利的因素出现和展现在人们（私营公司）面前。

（2）机会具有客观性。

也就是说，机会具有物质性，它是不以人们的主观意志为转移的客观存在。不管你是否意识到，客观可能性总是在一定时间范围内存在着的。我们强调智力资源的开发，主要在于能否正确地认识并抓住、利用机会，又与主观能动性的水平和程度密切相关。

（3）机会是资源，机会是有价值的。

这种资源具有两重性，其时间侧面具有客观存在性，其对机会认识与把握的侧面具有主观能动性。但机会的价值却仅仅表现为主观性和依赖性，它只对需求者具有价值，面对非需求者则不具有价值；而且它对于不同的需求者来说，又具有完全不同的价值：对于获取机会的需求者来说，具有正价值，而对于没有获取机会的需求者来说，别人（竞争者）的机会对于他来讲反而成了负价值。

（4）机会具有易逝性和不可存储性。

其他许多资源都可存储性，在存储期间始终存在着一种潜能，以待将来使用它们的时候，再使其潜能发挥出来。机会则不然，它不具有这种潜能，机会的供应既无弹性也无可塑性，无论你利用不利用机会，它照样流逝。

私营公司管理者从来不愿失去机会，而机会确是能点亮一支支成功的蜡烛。

刻意创新，就不会被淘汰出局

没有创新，就不能突破常规

没有创新，私营公司管理者肯定会毫无作战能力。创新即突破常规，创造机遇，找到新招。

创新意识，犹如一层窗户纸，不捅破不明白，而捅破这层窗户纸是十分容易的，一当捅破，一切都明明白白了。

其一，我们将要面对的未来世界，不是一个故步自封的世界，而是一个充满竞争的世界；而这种竞争，主要是创造力和创造性的竞争。其二，真正创造性活动的指向，基本出发点不应当是要妨碍别人干什么，而应当是促进人类社会活动（也包括自己所创事业）的进展；"布里丹的驴子"的故事很能说明问题。

有一头驴子，它肚子很饿，而在它面前两个不同方向上等距离地有两堆同样大小、同样种类的料草。驴子犯了愁，由于两堆料草和它的距离相等，料草又是同样的数量和质量，所以它无所适从，不知应该到哪堆料草去才是最短距离，才最省力气，于是在犹豫愁苦中饿死在原地了。

这个故事无所谓真实，但它的寓意是深刻的，除了故事创造者们的批驳布里丹环境决定意识的观点外，它还揭示人们：许多时候，只要有点创造意识，就会焕发创造行动，就会有活力；而呆板凝滞是足以扼杀创造性的。

前几年，有个人卖一块铜，喊价 28 万美元，好奇的记者一打听，方知此人是个艺术家。不过，对于一块只值 9 美元的铜来说，他要的价格是个天价。他被请进电视台，讲述了他的道理：一块铜价值 9 美元，如果制成门柄，价值就增值为 21 美元，如果制成工艺品，价值就变成 300 美元，如果制成纪念碑，价值就应该值 280000 美元。他的创意打动了华尔街一位金融家，结果那块铜最终制成了一尊优美的胸像——也就是一位成功人士的纪念碑，最终价值为 30 万美元。从 9 美元到 30 万美元之间的差距就是创造力，或者说创造力的价格。

奥列佛·温特·怀斯曾说："人的智慧如果滋生为一个新点子时，它就永远超越了它原来的样子，不会恢复本来面目。"

创造力本身不是奇迹，人人都具备它，但它产生的成果却应该被冠以奇迹的美称。至于创造力的含义，我们这样来理解：

（1）创造力：对你来说，只要是新的点子的产生，都应归于创造力，也就是说创造力就是创新的能力。

对这一点需要强调的是，只要对你来讲是新点子就行了，因为别人在你之前完全可能已经有过你的想法了。

另外，创造力的含义还得包括以下三点：

（2）创造发明：也就是将创意实际运用。

（3）有创造力的想法：这是与生俱来的天赋，只不过有很多人需要通过学习、训练、指导、开发和应用而已。总的来说，这是解决日常生活问题的一项优秀技能。

（4）有创造力的人：他们的特点是能够克服各种对创造力的妨碍，特别是自己无意中对自己的束缚，并充分地应用创造能力改造生活和各种层面。

须牢记一条真理：我们每个人都可以应用创造力，同时在应用中增强这种可爱的能力。

也许有人认为，高智商就意味着高超的创造力。但这是一种错觉，至少不完全对。

已故的肖尔米克斯博士是世界经济理论界的泰斗，在他获得经济学界某个最高级别的大奖后，回到故乡，并拜访了当年就读的中学。他自己也很惊讶当时成绩的一般，再看智商时，智商分数不过 90，也普通得无奇可言。他愉快地解释："创造了不起的经济理论其实不算奇迹，只有战胜自己的智商才真正了不起。"

这表明智商不等于创造力，并为众多苦于智商不高的人们提高创造力、增强信心提供了依据。

令人惊奇的是，几乎所有时代的心理学家们都发现成人欠缺创造力，这个现象令很多成人担心和焦虑，从而认定创造力可能是某种天赋，并非人普遍具有的本能之一。这一点，从研究资料中显示出来，心理学家们针对 45 岁的年龄层进行创造力测验，结果只有 5% 的人被认定为有创造力，接着又对 20 至 45 岁之间的成人进行创造力测验，结果竟然也只有 5% 的人合格。这个结果令心理学家们万分沮丧，几乎要判定创造力是特殊人物才具有的能力。

但是，接下来的测验却令人鼓舞，因为在 17 岁年龄段的结果达到了 10% 以上；更惊讶的结果是，5 岁儿童中，具有创造力的人竟然高达 90%，它表明，人们的创造力是生来就有的，只是随着年岁的增长遭到了抑制而已。我们有理由认为，在抑制状态下，人的创造力并没有彻底丧失，而是处于隐蔽状态，未曾发挥而已。

人的创造力是没有极限的，唯一的限制来自你所接受的知识系统、道德系统和价值系统，这些系统常常妨碍人们的创造力。由于这些系统的纷繁复杂，很多人在其中受到空前束缚，甚至认为自己没有创意。殊不知，任何一种系统都是人创造的，所以，你有权利持怀疑态度。

通常情况下，人的障碍在于，没有真实面对自己的问题，而根据各种系统的成见来判断自己能做或不能做，他们被先入之见害得很苦。其实，有很多你深信不疑的事情，可能是垃圾，它阻挡你的创造力。每当你察觉被某种信念所限制时，不妨删除它，用一个能够保留和有助益的信念来取代。

作为私营公司管理者，要善于把有碍于创造力的"绊脚石"克服掉，找到适合于自己的致胜之路。

把别人的智慧变成自己的

私营公司管理者如何进行智力创新呢？或者说用哪些招数进行智力创新呢？

"事业在人"，这句话是千真万确的。任何经营只有在有了称职的人才之后才能发展下去，无论具有怎样优秀历史和传统的私营公司，如果没有正确继承其传统的人，也将会逐渐衰败。经营的组织、手段固然重要，但掌握并使之发生效力的仍旧是人，不管创造了多么完善的组织，引进了多么新的技术，如果没有使之发生效力的人，也就无从取得成果，也就不能完成其私营公司使命。可以说，私营公司能否既对社会做出贡献，又使本身昌盛地发展下去，其关键在于人。

就事业经营而言，最重要的首先是寻求人才，培育人才。

还在私营公司规模很小的时候，松下幸之助就常常对职工们说："如果有人问'你们那是做什么的？'就请你们回答：'松下电器私营公司是培育人才的。我们私营公司生产电器产品，但在生产产品之前，首先培育出人才。'"
生产优质产品是私营公司的使命，为此必须培育出与之相适应的人才，有了
人才自然就能生产出优质产品。松下幸之助在当时富于年轻人的志气，就用
上面那些话表达了这个意思。至于怎么说都无关紧要，但这种思想一直贯穿
在他的经营之中。

那么，怎样培育人才呢？恐怕这就要具体问题具体分析的，但最为重要
的乃是要具有基本的观点，就是说，一定要明确"私营公司为什么存在？怎
样从事经营？"这些问题，换言之，作为私营公司应该具有正确的经营观念
和使命观。

如果私营公司的基本思想和方针是明确的，那么，经营者和管理监督者
就能够据此施行强有力的领导，如果不能根据这一基本思想和方针的话，经
营者或管理监督者对部下的领导就会缺乏一贯性，很可能被每时每刻的情势
变化或个人感情所左右，不易于培育人才。因此，如果经营者想得到人才，
其先决条件就是应该具有坚定的使命观和经营观念。

其次，要经常地将经营观念和使命观灌输、渗透给职工。假如经营观念
只是写在纸上的文章，那是一文不值的，它要成为每个人的血肉，才能发挥
作用。因此，必须借助一切机会反反复复地把私营公司的经营观念和使命观
灌输给职工。

再者，这并不意味着经营者单纯地讲解观念，而是在实际的日常工作中
去说那些就该说的话，纠正那些应该纠正的事情。从个人的人情角度来说，
不应过多地提醒别人、申斥别人，倘若有可能就应尽量避免这类事。可是，
私营公司是以对社会做贡献为使命的公有物，在私营公司里的工作也就是公
事。私营公司不是私有物，私营公司的工作也不是私事。所以，从公的立场
出发，对不能置之不理的，不能允许的事情，应该说的必须说，应该申斥的

必须申斥，这不是根据个人的感情来做的，而是站在使命观的高度上的提醒和申斥。由于这种严格地管理，被申斥的人开始觉悟并成长了。不用说，假如不申斥的话，对部下来说是满意的，对经营者、对上级来说也是安逸的。然而，我们一定要铭记，这种苟且偷安的方法是决不会培育出人才的。

与此同时，还有重要的一点，就是要敢于大胆地分派工作，并让担任了工作的人能够在自己的责任和权限范围之内自主地进行工作。所谓培育人才，归根结底就是要培育出懂经营的人，培育出能够用经营意识去从事任何一项细小工作的人。为了培育出这样的人才，不能什么事都左一道命令，右一道命令，那样只会培育出一些唯命是从的人来。由于敢于大胆地分派工作，所以，担任了工作的人就会下功夫开动脑筋想办法，充分发挥出自己所具备的能力，而且也就相应地成长起来了。松下电器私营公司的事业部制，从某种意义上来说，就是将这些做法形成了制度化，按照这种制度去培育人才是有很多优点的。事业部并不只是一种经营体，其中的每项工作都具有这种思想，并将这一思想灌输到一切工作之中去。

当然，虽然应该在广泛的范围之内分派工作，但必须牢牢地把握住基本方针。否则，分派工作后，各行其是，整体就会变成一盘散沙。说到底，就是要基于一定的方针给予权限。因此，私营公司的基本思想和经营观念在这里仍然是极其重要的。可以说，只有个人根据经营观念去从事自主性的工作，才能培养出人才。

所谓培育人才，并不是说只培育出能干工作、技术精湛的人来就可以了，这一点也需要特别加以注意。本领和技能的确很重要，私营公司不能没有这方面的人才，这是很自然的事情。然而理想的是，这些人作为一个人也好，作为一个社会人也好，同样都应该是个优秀的人。尽管能够出色地完成工作，但作为社会人如果有缺陷的话，仍然不是令人满意的当今时代的产业者。

目标清晰，才能不盲目行动

你能否评估目标

没有目标的管理，只能是空耗精力。私营公司管理者必须是规划目标的智者，通过目标引导私营公司的有序发展。

每一位管理人员，上至大老板，下至生产工长或经理和主管办事员，都必须明确现实的目标，否则，一定会产生混乱。这些目标必须规定人所管理的单位应达到的成就，必须规定他和他的单位在帮助其他单位实现其目标应做出什么贡献，还应规定他在实现自己的目标时能期望其他单位给予什么贡献。换句话说，从一开始就应把重点放在集体配合和集体成果上。

每一位管理人员的目标应该规定自己对私营公司在各个领域的总目标做出的贡献。

经理和主管要做好评估面谈，首先要认识评估的目标何在。一般而言，评估的目的包括：

（1）让员工了解自己的处境，经理和主管对他的看法及解释如何。

（2）清楚地告诉员工经理和主管的期望，以协助员工在未来表现得更佳。

（3）计划员工发展成长的机会，同时指出将来需要强调的特点。

（4）发展经理和主管与员工互相了解与信任的良好关系，以确定彼此的期望、目标乃至衡量的标准所在。

（5）允许员工表达有关评估问题的意见。

（6）找出深具潜力或尚未发挥潜力的员工，以为人力资源。

制定目标的 7 点要求

经理和主管的主要目标是保证他的组织实现其基本的目标——有效率地生产出某些产品或服务，这又产生了以下目标：

（1）经理和主管必须设计和维持他的组织和业务稳定性。

经理和主管必须规划他的组织的业务，并对这些规划进行监督，以保证工作流程有一个稳定的模式。他必须在偏差发生时予以纠正，有新的资源时予以分配，以保证业务的顺利进行。作为一个领导者，他必须建立和维持一个使工作得以完成的气氛。从根本上说，他必须保证组织像一个统一的整体那样发挥作用。

（2）经理和主管必须有战略决策能力。

经理和主管必须负责他的组织的战略决策系统，并使他的组织以一种可控制的方式适应于其变动的环境。作为监听者，他必须为他的组织提供发展趋势，而作为私营公司家和领导者，他必须为他的组织提供发展的方向，并使组织以不遭受不必要的破坏而能适应这种方向的方式来实现变革。在稳定性和变动性之间维持平衡，是经理和主管的最困难的工作之一。

（3）经理和主管必须保证组织为控制它的那些人的目的服务。

经理和主管必须作为组织的各种价值标准的焦点来行事，对组织有影响力的人的价值标准进行解释，把所有的这些价值标准结合起来以确定真正的权力体系，然后以组织优先次序的形式把它向下属传达，作为他们的决策时的指导方针。经理和主管必须保证这些目标是所采取的各种决策的后果。

（4）经理和主管必须在他的组织同其环境之间建立起关键的信息联系。

由于经理和主管具有正式权威，只有他才能在某些特殊的信息来源同他的组织之间建立起那样极为重要的联系。他必须作为这种信息的神经中枢。经理和主管作为联络者而建立这种联系，他作为监听者而接受信息，作为传播者而把信息传递给下属。事实上，经理和主管从上面和外部接收到一些比较模糊和杂乱的信息，把它们分类整理，然后把清楚的信息传达下去。此外，经理和主管还必须循着相反的方向来建立这种联系，以发言人和谈判者的角色把组织信息传递给环境。在这两种情况下，这项工作都不是"隔了很长时期"或"大致轮廓"。这种信息双向交流是持续的、即时的、有具体细节的。

作为正式的权威，经理和主管负责组织的等级制度的运行。这项工作虽然常常是例行的和程序化的，但经理和主管还是必须履行一些职责来使他的组织的等级制度得以运行。其中特别包括同著名首脑角色有关的各项活动，但在某种程度上，也同发言人和谈判者的角色有关。

依汉德瑞克·史洛伊特个人之见，若想实现私营公司首要目标，必须依循下列所述：经理和主管人员必须具备丰富的能力；私营公司经营主要针对的是人群；不需要启发、激励和管理人群之处，则不需要经理和主管人员的设置。

巧策 6

施以责任，就不会互相推诿

你知道什么叫"一分钟管理"吗？

"有效管理"是私营公司管理者减低内耗的重要理念，它与传统管理的区别在于：注重短时间里的效果反应。

有效的管理并不用花费太多的时间，关键是这段时间里管理者在做什么，而且一分钟经理和主管人也坚信，下属是能够自我管理的。

管理者大致可分为两种类型：一种是现实型的管理者，在管理实践中，他最关心的是利润底线并严格以此为界。这种模式可以提高组织的绩效，但下级的利益得不到保护。另一种管理者则更关心员工而不太注意他们的组织绩效。

"善良"的管理者能使员工和利益得到较大的增加，却以牺牲组织的绩效为代价。有效的管理必须除去这两类管理的弊端，既要考虑组织本身利益，又要兼顾员工的利益。

有效的管理意味着组织利益最大化，员工的才能也能淋漓尽致地发挥出来——员工在有效地完成工作的同时也实现了自我价值。有三种管理技能可以帮助管理者达到这样的效果，即确立目标、强化表扬形式和实行口头形式的处罚。下面就是如何有效运用这些措施的概述。

（1）一分钟目标。

"一分钟目标"是用来划分职责和确立评价工作绩效标准的。没有这些职责划分和标准，员工就不知道上级期望他们做是什么，而只能在心里琢磨什么是十分重要的，这也正是能进行有效管理的"一分钟经理和主管人"的首要任务。有效使用"一分钟目标"包括以下的观点：

①上下级之间需就工作内容达成共识；

②在一张纸上用不超过 250 个字记录每个目标的内容，这样便一目了然；

③以目标的形式明确下级需要做些什么及工作标准，以便互相沟通；

④控制员工实现目标产生的偏差，不断地进行修正。

这些内容在员工进行自我管理时，都能得以体现。员工作为完成"一分钟管理"的要素之一，可以把工作中遇到的一些问题带回家中思考，进一步对"一分钟经理和主管"给他们提出的"一分钟经理和主管"内容进行核对，找出问题的答案。在具体的实践中，"一分钟经理和主管"认为员工不应为已经解决的问题而沾沾自喜，对员工的这种做法，"一分钟经理和主管"极为反感。他坚持上级应设法自己解决问题，而且要求他们先避免将来工作中可能出现的麻烦，这并不占用"一分钟经理和主管"的时间。

（2）一分钟奖励。

一般来讲，"一分钟奖励"的技巧与正强化原理相类似，其基本理论是管理者注意发现下级做得正确的事情，而不是抓住错误不放。为了实行这个方法，"一分钟经理和主管"对其员工进行严格的管理和控制。通过检查，经理和主管详细记录每次的进步，一旦发现他们做得不错，就进行"一分钟奖励"，这种技巧包括如下内容：

①及时对下级的表现做出评价，让他们清楚自己在经理和主管心目中的印象；

②当员工有突出表现时，应尽快鼓励他们，让他们知道自己做得对，经理和主管对此很赞赏；

③在做出表扬之前，要想清楚员工是否真做得好，如果是这样就鼓励他们继续努力；

④恰当运用握手和其他的鼓励方式。

以上每种方法都包含自我管理的思想。员工会感到，只要在这样的管理者手下工作一段时间，就会尽力让自己把工作做好，并能自觉运用这种技巧以致可以进行自我激励。

（3）一分钟处罚。

当员工做错一件事时，"一分钟经理和主管"马上做出反应，并让他知道自己错在哪里和经理和主管对此事的态度，在提出批评和处罚后，"一分钟经理和主管"会告诉他，作为一名员工，他还是能够胜任这个工作的，希望以后不要再犯这种错误。"一分钟处罚"的技巧包括以下内容：

①向员工坦言，并指导他们如何做；

②一旦出现不良表现就要及时加以处理，明确地告诉员工他错在哪里和你对此的反应（下达指示前稍作思考）；

③可以用一引起适当的鼓励方式，来强调员工在组织中做出的贡献，但同时要明确指出，这种不良的表现是不允许再出现的；

④记住不要反复批评同一种行为。

以上三种技能构成了有关一分钟管理的核心内容。概括地说，有效的管理不用花费太多的时间，它只需灵活地运用已被证明是有效的管理原则，即：一分钟目标、一分钟奖励、一分钟处罚。员工应懂得经理和主管运用"一分钟管理"的方法，并与经理和主管达成一致。应用这些措施的关键在于坦诚和公开性，通过行为的正强化，引导员工按期望的要求行动，直到他彻底完成了全部工作，这一点很重要。这种技术性的方法叫做"定型"——员工在工作过程中，你应不断对之加以表扬鼓励，使其行为不偏离你的要求，不要等他完成了全部工作之后再表扬。实际上，如果你等到人家彻底完成工作时再表扬他，或许没有这个时机，因为你没有及时鼓励和强化。

不同的情况应采取不同的管理办法。例如，新人一般工作效率比较低，这样经理和主管应先替他们制定一个目标，帮助他们把工作做好，而不能一开始统治处罚他们。因为经验不够可能导致信心不足，这时，对他们进行处罚是不合理的。当定下标准后，及时加以表扬和鼓励或许更有效。如果经理和主管禁不住要对一名员工发火，那么先发火未尝不可，但事后务必表达对员工工作的支持，切不可抱怨不止。"一分钟管理"技巧可概括为：用较少的时间得到较多的成果；留出一些时间进行思考和计划；对管理者来说，减少心理压力，保持健康的心态很重要；让员工们知道大家分得的利益都基本公平合理；减少缺勤现象和工作流动。

"一分钟管理"技巧最基本的观点是：有效的管理需要管理者一方面要真诚地对待下级，另一方面要对下级明确地提出期望，因而比学习做一名"一分钟经理和主管"本身更重要的是，最终你要把工作真正作为自己的事业。

管理中的"加减原则"

私营公司管理者的管理哲学有两点值得注意：一裁减冗员；二增添人才。这种"加减原则"是不容置疑的。

很多有远见的经理和主管人才，预测将来的经理和主管会越来越缺乏管理才能。造成这种状况的主要有两个原因。

（1）许多目前不足以担当大任的人被提升了。经常有人认为，一个人如果不能晋升，他就会离开私营公司。还有些人进了私营公司，却坐上他们无法胜任的位子。

（2）私营公司当局不免要产生一种心态："我们不敢对员工要求太高，因为他们不好应付。如果我们要求太多，他们便会挂冠离去，到时候，我们还得花时间与金钱去找人来替补，找来的人未必就比较好。就长远来看，我们还会有损失的，倒不如保持现状比较好。"

有时候，做得不够或应该做的做不理想，并不是个人问题。经理和主管可能实施了值得怀疑的方案，或是雇用了多余的人手。

问题是私营公司为什么允许这种做法呢？

有个观念导致私营公司麻木不仁，那就是"好人难寻，他毕竟熟悉自己的工作，因此，如果我们想留住他，最好还是容忍他有点过分的行为。"

另外，可能是因为业绩良好，没有人会留意到这个人在做什么，因为他们忙其他事情，更糟糕的情形是，他们一点都不在乎。

还有一种可能性，就是有一些经理和主管了解上述情况，而且他们也明白自己处于"求过于供"的市场。

他们发现：不要花心思在艰巨的管理任务上面，他们会过得比较愉快些。

最好的情形就是经理和主管全神贯注于自己的事业，同时也理解，自己会很快爬到更高的职位。因此最好不要出什么错误，例如把私营公司的人事搞得一团糟，免得玷污了过去的表现。

另一种内部的散漫也助长了人事的臃肿。一个基本的概念是：私营公司的生存与成长建立于损益基础上。高阶层经理和主管普遍都重视这个概念，但是整个庞大而复杂组织的各级员工，却往往忽略了或不能体会其重要性。

许多人觉得私营公司的损益状况，对于他们来说太遥远了，并且不想为它多费心思。

在业务状况长期良好，或尽管私营公司已察觉到效率欠佳、损益状况却仍然一年比一年好时，一般人更容易有些想法。但是，员工和私营公司损益之间的关系，是分不开的。如果这种关系被忽略了，人事臃肿问题的滋生，便只是时间的早晚而已。

很多私营公司的计划都以活动而非以目标为导向。制定活动计划要比在预定的时间内确立特定目标容易多了，例如，私营公司应当实施一个有明确目标的促销活动，而不是应当做一个例行公事的促销活动。

不幸的是，活动会耗尽一个组织的活力，却毫无收获。

私营公司如何避免暗中滋生的人事臃肿呢？

（1）要正确认识人员泛滥的情形，找出真实的原因。

（2）经理和主管人必须体会到，目前正是采取行动的大好时机。私营公司必须裁汰冗员，才能吸引住更好的人才。现在就是清理门户的好机会，好的人才不会愤而求去，特别是私营公司的做法合情合理时。

"每个人都这样做"的陷阱是很深的，以下的观念是一个很好的例子。

很多人认为，要吸引优秀的人才到私营公司来，需要为他们描绘一幅令人兴奋的蓝图，而蓝图其实是不存在的。

他们也认为：所有的人都极关心办公室的装饰，包括他们坐在哪里，职务是什么，头衔如何称呼。

事实上，很多人是如此，但也有很多人不是如此的。仍然有很多人希望他们有机会发挥潜力，希望有机会自我成长，同时想要以优良的表现来获得很高的报酬。如果报酬很好，而他们又理解到自己在私营公司的稳固地位，便不至于稍受诱惑就主动离开私营公司。

这些人忠于私营公司，是私营公司真正的人才。

尽管良才难求，私营公司还是要检讨一下"为未来储备人才"这个观念。富有潜力的员工被储备起来，如果对他们没有挑战性的要求，他们就不能获得足够的成就感。而且，太多的日子耗在无聊的琐事上，也会让他们感到失望，甚至绝望。

良好的私营公司经营哲学，不只是经营好私营公司的外在形象，而且应当安顿好内部的环境。此一哲学应该反映一个信念，就是组织内的每一个人都应该为私营公司的利润尽一份责任，同时也应建立一套如何让员工分担责任的制度。

已经解除人事"臃肿"困境的私营公司，必须防止事情再度发生。私营公司对此保持警觉，是明智之举，因为私营公司经营良好时，谁也没有时间去研究人事"臃肿"的问题，甚至以人事臃肿为荣。

风水总是轮流转的。私营公司会有风光的时候，也会有面临挑战的时刻。能够利用现有机会的私营公司，不管时机的好坏，都能够获得足够的竞争优势。

那么到底要怎么裁、裁多少，标准在哪里？

事实上并无定论，这要视各私营公司所定的"最适合规模"的基准而定。

通常私营公司会以人事成本、营业额、用人配置以及人力素质的角度来进行裁减计划。

（1）人事成本考量。

一般私营公司人事费用约占总支出成本的 10%—20%，如果超过此标准，私营公司就得精简，以降低用人成本。

以某知名私营公司为例，该私营公司原有员工接近 2000 人，每年人事费用高达 17 亿元，而其私营公司每年亏损 7 亿元。依此推算，若能把人事费用降低至 10 亿元的话，则该私营公司就能持平。

由此逆推核算，必须裁减 650 名人员，剩下的 1300 人就是该私营公司所认定的最适合规模。

（2）营业额考量。

有些私营公司在裁减过程中，首先会找到一个营业额相近的私营公司为对比的标准，为何有相同的营业额但用人数却高出甚多，然后据此裁减"剩余人力"；或核算每一个员工的平均产值与相比较的私营公司对比后，决定裁减多少人员。

（3）用人配置考量。

私营公司在同业间做广泛性地调查比较而得到适用人数。比如说，人事部在同业间的调查是每 150 人有一位管理人员，假如该私营公司的用人数超过这一标准，即进行裁减的动作。

（4）人力素质考量。

此种方式是依私营公司所设定的标准，把员工评为 A、B、C 三级。

A 级员工是有能力并且为私营公司做出很大贡献者，把他们划归不能裁员的部分；B 级员工是能力及对私营公司贡献稍好者，这划归为可裁可不裁者；C 级员工是既无能力又无贡献者，这列为必裁的名单中。然后把 A 级分成 AA、AB、AC 三级，B 级分成 BA、BB、BC 三级，C 级分成 CA、CB、CC 三级共九级，然后依此作为级员的顺序。

以上只是简单的方法，事实上各私营公司会设定裁员的综合指标，同时采用。

巧策 7

集思广益，决策才不会出漏洞

集体决策的 8 种方法

私营公司管理者应该明白：集体智慧是最可靠的判断，这也是管理致胜的要术之一。

采用集体决策的方式择优选择私营公司的经理和主管，不失为一种好办法。它不仅可以有效地防止个人独断专行或任人唯亲的行为，而且有助于真正地把私营公司的优秀人员选拔到领导岗位上来。美国霍尼维尔私营公司在这方面的做法是很有特色的。该私营公司选拔各级经理和主管有一套严格的组织程序，它由中心管理小组集体决策，全权把关负责，小组的每一个成员都要决策负责，选拔经理和主管的系统性和完善性有效地保证了决策的科学性，使私营公司的优秀人员有机会担任领导职务，以充分发挥自己的才能。

该私营公司中心管理小组选拔一名业务开发部主任的具体做法是：

（1）准备方法。

中心层由 10 人组成，在每次例行会议上着重讨论选拔一名业务开发部主任的问题。由于业务开发部是一个十分重要的部门，主任一职须由一个既懂业务、了解客户心理、擅长于市场营销和合同管理，又富有经验和魄力的人来担任。小组组长要求小组成员根据这些条件，积极参与合适的人选的物色工作。

（2）头脑风暴法。

小组首要的工作是弄清所有有志于承担业务开发部主任这一重担的人中间有多少是具有资格的候选人，为此，组长必须就人选问题与私营公司其他经理和主管人员进行多次商议，与此同时，人力资源部主任与中心管理小组其他成员着手整理私营公司的人数据档案，从中挖掘可供挑选的人才，连同大多数候选人所在部门的经理和主管推荐的，也有个别毛遂自荐的。从这个意义说，业务开发部主任的选拔工作颇具竞争性。

根据议程，先由小组成员提出 4 个候选人，组长将名字写在黑板上，并分别注明他们的现任职务。然后，前业务开发部主任介绍这 4 个候选人的大致情况，并指出某候选人能力欠佳，建议将他暂时除名。在小组成员一致表示同意后，组长又提出第五个候选人，其他成员也可以先后提出众多的人选，并在黑板上一一列名，供下次会议讨论。

中心管理小组采用这种头脑风暴法，其目的在于鼓励大家充分发表意见，力争将最优秀的人选提拔上来。

（3）筛选方法。

一个星期以后，小组开会讨论每个候选人的评价问题。会上，组员们各抒己见，气氛活跃，有的侧重于候选人的资历和能力；有的强调候选人的判断能力和工作应变能力。尽管看法不同，说法不一，但有一点是共同的，这就是候选人如果缺乏市场营销技能或不善经营，其他条件即使再好，也应当筛下。经过这样的初步筛选，候选人名单又减至 5 人。筛选结束后，组长又马上着手做两件事：一是分别通知五名候选人的上司，小组要同该候选人单独进行面谈；二是向那些被筛除的候选人的上司说明其落选的理由。

（4）面谈方法。

小组的每个成员都必须单独同每个候选人面谈 1 小时，谈话前，每个候选人都会获得各种信息，诸如会谈者的姓名、工作概况、选拔过程、选择标准、系统研究中心的概况等等。面谈者要求达到如下目标：①面谈双方互通信息，交换看法。②小组成员就管理上的一系列问题向候选人发问，要求充分发表见解并提出改进措施。

（5）小组成员向候选人介绍曾为系统中心做出过出色成绩的名人轶事，激发候选人对系统中心的信任。

（6）小组成员向候选人勾画系统中心的价值与目标，强调系统中心的集体凝聚力，从而使候选人产生一种高度责任感。面谈结束后，由组长召集会议，沟通面谈情况，决定其中的最佳人选。

（7）抉择方法。

中心管理小组经过集体磋商，在意见大致一致基础上再进行抉择。为使决策过程顺利进行，意见决定后，大家必须理解、接受和执行。当然，被选中的候选人并不一定是小组每一个成员的第一选择，但大家应认识到，决定是合适的，即使不是最佳方案至少也是个较好的方案，在做出最终决策之前，除了充分考虑候选人的素质之外，小组还要尽量避免选择高层管理部门所讨厌的人，因为决策的终审权掌握在高层管理部门手中。

抉择会议上，由人力资源部主任以总结的形式将每一个小组成员与候选人面谈的结果发给大家继而开始辩论，最后，确定一个最合适的人选：即工作绩效稳定，精明果断，又善于与同事合作的人。

（8）游说方法。

抉择会后，中心管理小组的组长向本私营公司高层管理部门汇报整个选拔过程、选拔标准和决策理由，高层管理部门如认为小组的决定是正确的，便予以批准，组长立即通知被选定的对象，要他走马上任。至此，中心管理小组集体决策，选拔业务开发部主任的工作宣告完成。

霍尼维尔私营公司选拔经理和主管人员的过程充分说明，通过竞争产生的经理和主管，得到了中心管理小组成全体成员的认可，其威信要比个人任命的人选要高。

进行集体决策的注意事项

对私营公司管理者而言，

集体决策怕的就是产生内讧，一旦产生内讧，决策必然失败。避免内讧的办法就是成员之间互相尊敬。

人们会与集体中的其他成员有所争议，但仍可维持相互间的尊敬，只要组织机构能教导它的员工做到——对事不对人。

有几个技巧将对集体成员间维持互相尊敬有所裨益：

①在集体初阶段的会议中，其经理和主管可向每一位小组成员解释，"我为什么要选你参加"。这是一次细述吹捧每一位成员过去所做贡献的机会。

②经理和主管要确定每一个成员都已对所有的关键性的问题发表过的意见。

只要化解了集体成员之间的冲突，集体决策有望卓越！

但不幸的是，我们所有的人都必须与那些确实管理不善的决策小组打交道。在一个运作不良的小组中你要如何才能成功决策呢？

基本的规则是：

①了解经理和主管的意图。

②试着表达你认为这个小组必须做些什么才能做出好的决策。

③要圆滑与不具争议性。目的是在承认那些在小组内的见解，不必要去"转变"你的老板或你的小组同事。

如果经理和主管急切地想扮个"老板"样儿——你有可能该私下跟他或她谈谈有关决策的过程事宜。首先，要分析老板的框架，如此你才能用他的语调来谈问题。做出一份议程表，列出你想讲的话。集中注意力在决策过程上，如果必要的话，可提供小组管理的文章或权威的资料。你可能无法把一个跋扈型的老板变成一个良好的聆听者，但你可改变沟通的技巧，或可协助他从小组中多得到一些东西。

如果领导人与整个小组富有容忍接纳性，可建议采取步骤防止早熟的一致性同意的形成：挑选出来有等次级别的小组，或是轮番扮"黑脸"的角色。

大致来说，能协助集体做出更佳决策的艺术可汇总如下：

①明智且有良好激励手段的人们在集体中要做出优越决策，只有他们在有技巧的管理下才办得到。

②完善集体管理的核心在于鼓励集体内部产生出适当类型的冲突，经由更进一步的讨论与情报收集过程后，将冲突完全、公平地解决。

③领导者必须决定在决策的四个因素（框架、情报收集、下结论与由过去实例学习）中的哪个层面，可集体做出他们的最大贡献。

④在集体审议的早期，领导人应少表示个人意见，因为很多的集体成员当他们的点子与领导人相左的话，会心生恐惧，不敢说出自己（可能是不错）的意见。

⑤一般而言，领导者在任何集体过程中初期阶段，应鼓励提出不一致的意见。然后在取得更多的事实与见解之后，领导者应导引集体找出共同点做最后的抉择。

⑥如果一个决策过程出现各持己见的僵局时，你通常可以由价值观问题

区分出事实性问题来缩小双方的差距。

　　集体能做出比单独个人更好的决策，但是切忌规模太大，耗费太多，其中花本钱的集体会议做出差劲的决策，实在很难找出搪塞的理由。

　　私营公司管理者应当记住这样一句名言："我的使命不在于个人努力，而在于集体努力！"

巧策 8

狠抓效益，工作不盲目行动

什么是"效益管理"

私营公司管理者之所以要重管理，是因为管理的本质在于效益，故有"效益管理"的说法。先看例子：

罗克海先生，是飞利浦台湾私营公司一家工厂第一任总经理和主管。

当罗克海先生从荷兰飞到新竹科学园区，走马上任该工厂总经理和主管的时候，他所面对的，是每个经理和主管人的考验：新流程、新产品、没有经验的工人、变化快速的市场、工厂建造期间还经历过 6 次台风。

结果，工厂不但比原定的 18 个月早半年完工，而且开工一年不到，就风风光光地庆祝第 100 万个彩色显像管的产出。

曾经天天工作超过十几个小时的罗克海先生，现在不但可以"睡得安稳"，还有余暇热切地筹设新竹第一个游艇俱乐部。

曾为工厂大小细节疲于奔命的罗克海，创出"效能管理"，帮他管理流程复杂的工厂。

这套方法不但让荷兰飞利浦总私营公司折服，决定从该年起在全球飞利浦工厂推行，前来参观的日本竞争对手，都细细问了内容，带回去做参考。

"这个方法，其实只是常识。"51 岁的罗克海，努力用中文念"常识"。

他的办公桌前，贴了一张中文写的"常识"两个字。

罗克海形容的常识，其实打破了过去求生产绩效的心智模式。

一位经理和主管曾经指出，过去用来评估生产表现的"良率"，是计算产出和合格产品的比例，大家忽略了其实产出和设备的最好效能还有一段距离。

效能管理结合设备利用率与良率的概念，简化成一张清楚易懂的表，以设备完美运作时的效能为上限，从中区分出实际产出、直接良品、经过调整之良品等，并细分完美产能与实际产出间的落差形成的原因是什么。

"就像从直升机上看事情，可以总揽全局。"

罗克海指出，任何人要看这张表，就很清楚工厂的潜力在哪里，目前做到什么程度，哪里出了问题。

有问题的部门，再用同样的表，分析为什么出问题，进而提出改善计划。

但不是充分发挥现有潜力就满足了，还要不断设法提升产能。

了解现状与潜能的差距，也是激励的动力。

效能表上标示了共同努力的目标，大家一起想，可以改进多少，怎么改进，"百分之百是我们的目标，我们现在想的是（不能全能生产的）损失。"

效能表也提供讨论所需的扎实数据及信息。

过去各部门讲各部门的话，现在效能表提供了共同语言，现在大家"不是坐下来谈差异，而是直接切入解决问题"。

效能表的产生及运作，电脑是不可缺的幕后功臣。

这家工厂的许多生产线，都可看见机器人在有规律地忙碌。不只生产设备电脑化，连产品数量及品质，都整合起来。

透过产品上的电脑条码，计算机器人的工作量，电脑系统可分秒掌握生产及运作情况，并告知异常状况。

即使是夜里 10 点，已下班在家的罗克海，只要打开书房的电脑，荧屏上立即会显示全厂的设备图。

如果哪个设备出现红点，只要按几下鼠标，电脑即显示故障原因，罗克海只需拨通电话，便很快掌握状况，不必在冷风飕飕的夜里开车进工厂。

发展出效能表，和罗克海的背景有关。

罗克海说，效能表就兼有总揽全局、掌握细节、目标明确的优点。

台湾飞利浦公关经理和主管指出，从争取戴明奖（全球最高荣誉的私营公司管理奖）开始，飞利浦就建立一种管理精神：透明化、数据化。

而效能表将生产活动数据化，并让员工共享这些信息，对提高生产效率，帮助极大。

看着效能表纪录，罗克海安慰地说，平均每两个半月，产出会往上跳一级："就像在高速公路开车，一档一档换上去，现在就要冲刺了。"

做事情若没有效率，则所付出的努力将没有成效，因此私营公司的经营与管理也要讲求方法。

一个庞大的事业体，若是不讲求方法，就是一盘散沙，发挥不了团体的力量。

方法的制定是各级经理和主管的责任，但是事后的成绩落实决不能忽视，这必须透过分层授权的方式来达到。

因此，无论做什么事，都要以企划的方式在事前先行评估。

没有效率，等于失败

身为经理和主管，最重要的是如何让自己成为一个成功而有效率的领导者。尤其是作为一个有效率的领导，就必须能够适应现状，要适应现状就必须要：

（1）好好地掌握现状。

（2）好好地掌握周围的需求。

（3）对于现实的期待，予以妥善地回应。

这是很重要的技巧。说得简单些，就是领导者必须明白：

（1）自己站在什么立场。

（2）什么是自己非做不可的事。

而依据这两个原则，时时地做出最恰当的对策。

然而，大部分的领导者都是比较关心如何提高自己的业绩（即如何做一个"成功"的领导者）。为了以最快捷的速度达到预期目标，他们不是对部属采取迎合的态度，就是强迫部属接受自己的想法，常会忘了要好好地掌握现状，好好地掌握周围的需求。在这种状况下，自然没有时间好好地思考自己站在什么立场以及什么是自己非做之事，这二项重要的技巧。

因此，自己的努力得不到相对的回应，不但业绩无法持续增长，也得不到部属的信赖，所得到的只是眼前的业绩提高。由此可见，一个有效率的经理和主管必须掌握现状以及周围的需求，如此才能使业绩持续增长。

美国经济管理大师彼德·F·杜拉克所著的《有效的管理者》一书，是一本论述私营公司管理方法的名著，他所提出的精辟见解，对于私营公司管理者有参考价值。他认为："管理者运用人的长处，面临的第一关即在于择人。"

有效的管理者择事和升迁，都以一个人能做什么为基础。他的用人决策不在于如何减少人的短处，而在于如何发挥人的长处。

由于培养和留住人才不易，台湾私营公司近来风行自我管理、责任赋予的管理哲学，透过充分授权、鼓励员工自我考评的方式，设法为私营公司留住中坚人才。

台湾麦当劳推出区分责任区域制，由于效果显著，更强化了麦当劳采取自我管理的管理哲学，给员工更多的发挥空间、工作弹性，并且培养员工自我规划、实践、充实的能力。

台湾麦当劳餐厅总裁李明元说，麦当劳目前将全台湾分成台北市、北区、中区、南区等四个区域，各设开发小组及营运管理委员组织，由协理、经理和主管级管理干部担任领导人或委员会主席，负责责任区域内的门市开拓规划、经营管理等。

他说，这些经理和主管到各区担任领导人后，就得全权负责各区的营运发展，不仅要达到总私营公司的开店、营运目标，还可以自行规划、建议各种市场行销方式。

由于许多决策过程化，不必所有的门市都等待总私营公司的指令做事，使得私营公司的办事效率提高不少。

短短半年之内，麦当劳增加了近40家门市。李明元说，如果采取以往由总私营公司掌控所有门市拓展的作业流程，40家门市的设立必须花费颇长的时间，如今半年内即有此成绩，就是因为私营公司让各区做良性竞争的效果。

统一私营公司最近也流行"绩效面谈"管理模式，就是让经理和主管与员工"定好彼此同意的目标"后，让员工定期自我评鉴，方便员工做意见陈述，也让经理和主管在考核员工的表现时，可以有不同的观察角度，以更积极的态度面对人力资源管理问题。

统一私营公司指出，由于绩效面谈让员工有自由发言、阐述工作表现的机会，等于给了员工与经理和主管互通的渠道，因此无形中给员工自我监督、考核的压力，这样在尊重员工的前提下，更容易凝聚员工对私营公司的向心力。

食品业者近来也不断加强与员工的互相沟通关系，让员工有充分发挥作用的空间，也有向上表达意见的机会，以适当的传递渠道，协助员工缓解工作压力或情绪，增加员工自我管理、实践的训练，同时使私营公司尝试运用不一样的管理方式，设法找出最有效、最适合的管理模式。

命令已出，就必须执行下去

发出的命令要明确

私营公司管理者作为号令的发布者，一定要明白号令的法规作用，切忌随意施令。对有的经理和主管而言，号令不明是存心的，因为他故意想考验一下自己的下属的领悟力。还有的经理和主管则是自认为他的命令已经很明确了，很清楚了——所以如果下属还搞不懂的话，就不关他的事了。这两类经理和主管，前者太精明，后者太糊涂，但他们都犯一个致命错误：作为经理和主管，一个很重要的任务就是发布命令，有的经理和主管在向下属发布命令时暧昧不清，吞吞吐吐，不但容易让下属产生误会，并且会被下属轻视！他们忽略了号令不明的后果，损害的是整个私营公司的利益！

你可以与你的上司商量，采取一些包括人事异动在内的策略，以防止受害范围扩大。

或许妨碍你工作的原因亦存于下属的脑海里。

假设那是一种偏颇、先入为主的观念，或者是一种顽固的期待。

假设你是业务部的科长，你交代下属某项任务，然而他始终认为"这件工作应该由管理部做"，可想而知，他是不可能忠实地完成你的命令。由于"这件工作不是我们科里应该做的"观念永远无法消除，造成下属不会用心地达到你的目标。如此一来，不仅造成你的困扰，下属亦会感到委屈。

了解到这一点时，你必须向下属详细说明直到对方完全理解为止。

这位下属也许正在烦恼吧？此时，就算你强迫他接受，也不会达到任何效果。若能够使下属充分了解工作的内容、意义、价值，以及可能造成的影响，相信他必能全心投入工作中！

也许只有这种无条件的做法，才能让态度蛮横的下属对你的号令完全理解，完全照办！

切忌让命令贬值

私营公司的经理和主管在管理上要做到：绝不让命令贬值！

命令是带有强制性的法规文件或口头声明。众所周知，命令是管人最常见的表现形式，它可以文件的形式间接下达，也可以口述的形式直接下达。"有令必行"是管理工作的通则，反之，在执行过程中，命令被打了"折扣"，必定会达不到如期的效果。这种"折扣法"，在现代私营公司管理中时常出现，或者说使命令在执行过程中走了样，变了形，致使私营公司工作难以有效进展。

命令常常被下属打折扣的上司，除了本身缺乏应有的力量之外，另一个更重要的原因就是他们没有掌握发布命令的技巧和方法。

下达命令是一种需要技巧和专长的微妙艺术。如果你想要在你所选定的领域中获得高度的成功，就必须知道如何通过你的命令指挥控制别人的行为，因为你不能一味用蛮力强迫下属去做你让他们做的工作，你必须学会如何运用特殊的领导手段，让他们心甘情愿地为你效力，使他们既尊重你又服从你。

19 世纪英国著名的政治家迪斯累里在总结控制别人的行为思想时得出结论说："人是被话语统治着的。"你也可以用话语为你的思想和感情服务，你可以用你的方式去指挥别人，按照你的意志行事并为你的目的服务，你也可以下达被认真贯彻执行的命令。

给下属发布命令的技巧具体是：

（1）命令要重点突出，不要面面俱到，如果你要把你的命令讲得过于详细和冗长，那只会制造误解和混乱。

（2）为了使你的指令叙述得简要中肯，你要强调结果，不要强调方法。为了达到这个目的，可采用任务式的命令。一种任务式的命令是告诉一个人你要他做什么和什么时候做，而不告诉他如何去做。"如何做"那是留给他去考虑的问题。任务式的命令为有些人敞开了可以调动他们的想象力、主观能动性和独创性的大门。不管你的路线是什么，这种命令的方式都会把人引导到做事的最佳道路上去。如果你是在为你自己做生意，改善了的方式和方法就意味着增加利润。

（3）当人们准确地知道你所需要的结果是什么的时候，当他们准确地知道他们的工作是什么时候，你就可以分散权威和更有效地监督他们的工作。如果你是经营商业或工业，或者在搞销售，甚至你可能在军队中服务，当你能确保人们准确地知道他们的工作任务时，至少你会享受到减轻你的工作压力和更有效地监督你的下属这两种具体的好处。

（4）当你发布使人容易明白的简洁而清楚的命令时，人们就会知道你想做什么，他们也就会马上开始去做。他们没有必要一次一次地回到你那里，只是为了弄清楚你说的话。在多数情况下，一个人没有为你做好工作的主要原因就是他或者她没有真正弄明白你要做什么。如果你希望别人丝毫不走样地执行你的命令，那么命令的简单扼要是绝对必要的。这是你必须遵从的一个牢固的规则。

（5）命令不要太复杂，要尽量简单。

在军队中也使用同样的原则，简单是战争的一个准则。最好的计划应该是在制定、表达和执行上都不复杂的计划，这样的计划也更便于大家理解。一个简单的计划也会减少错误的机会，其简洁性也会加快执行的速度。

在商业上，那利润最多的私营公司都是在各方面力求简洁的私营公司，他们有简洁的策略思想，有简单的计划和执行纲领，对做决策的责任也有专门的安排，简化行政管理程序，取消繁文缛节，采用简单的直接联系。成功的商业私营公司各个方面都尽可能地保持着简朴的工作作风。掌握了以上的五条技巧，你下达命令时便会胸有成竹，你的下属除非故意冒犯，否则找不出任何理由不贯彻执行你的命令。

大胆授权，才有更多的人出力

权力分配是一门艺术

有的私营公司经理和主管担心：权力是放下去了，但是收不收得到效果却不好说。的确，这种担心不无道理，如果授权无效，还不如自己辛苦点抓住权力不放。因此，放权一定要有效，切记不要搞无效授权！

授权是搞好私营公司管理的有效方法之一，然而这种授权必须是有效的。大量实践证明，要实行有效的授权，在授权中就要注意以下几个问题。

（1）老板应有明确的授权意识，并积极主动地授权。

而往往是一方面缺乏授权意识，另一方面也存在不相信下属员工的现象。他们认为，既然自己是老板，就证明自己完全有能力管理好一个私营公司。须知随着私营公司的发展，作为一个领导者的精力和能力都是有限的，不适当授权给下属，事事过问，其实是事事都过问不好。

（2）要掌握方法。

尽管有些私营公司的老板们也实行了授权，但是，由于他们没有正确掌握授权方法，没有按照授权的基本程序去授权（或者未能选准授权对象；或是授意不明；或是忽视必要的追踪检查等），因此，效果并不见佳。可见，实行有效的授权，掌握正确的方法也是十分必要的。不掌握正确的方法，而要想取得好的效果，是绝对不可能的。

（3）要讲求实效。

授权只是提高管理效率的一种手段，而不是目的。因此，私营公司老板们在实行授权之后，还必须继续加强对各项工作的全面管理，尤其要加强授权过程中的管理，努力提高授权的有效性，只有这样，才能达到提高管理效率的目的。

放权既不能放任不管，也不能毫无效率，否则都不能算是懂得放权的领导。无目的放权是最糟糕的授权，这一点有许多事实可以证明，应当引以为戒。

我们在这里谈权力分配与用人法则之间的关系，目的是使私营公司领导用权有效。反对专权，是因为某些私营公司领导霸权思想浓厚，专制欲望强烈；提倡授权，是因为私营公司领导不可能是事必躬亲，万事皆能，总要依靠下属的工作能力来完成。同时避免私营公司领导滥用权力，给私营公司发展带来的打击，事实上，滥权是专权和霸权的不同表现形式而已，千万不能成为私营公司领导追逐私欲的手段。在许多卓有成效的私营公司和私营公司，"权力分配"与"权力制约"已经成为从董事长到员工共同关注的话题。对员工而言，没有权力分配的私营公司，只能是工作的牢笼；对领导而言，没有权力制约的私营公司，只能是欲望的试验场。

一名能够真正理解权力价值的私营公司领导，肯定会思考这些问题，力戒重犯权力通病，给私营公司带来不可估量的损失。我们认为，私营公司领导应当力戒权欲的自我满足，而应崇尚权益的私营公司实绩。

该授权就授权

私营公司管理者在放权上要有一套办法，从领导科学的角度讲，授权即放权。授权是一种用人策略，能够使权力下移，而使每位下属感到自己是分担权力的主体，这样就会在权力的支配下形成更为有效的凝聚作用和责任力度。

私营经理和主管授权给下属员工，既不是推卸责任或好逸恶劳，也不是强人所难。授权往往要遵循一般性的原则，力戒无限制的授权（或者称之为无度授权）。

（1）力戒授权的原则性。

①授权要体现无原则性。

首先，授权要以组织的目标为依据，分派职责和委任权力时都应围绕着组织的目标来进行，只有为实现组织目标所需的工作才能设立相应的职权。其次，授权本身要体现明确的目标：分派职责时要同时明确下属需做的工作是什么，达到的目标和标准是什么，对于达到目标的工作应如何奖励等。只有目标明确的授权，才能使下属明确自己所承担的责任。

②要做到权责相应。

下属履行其职责，必须有相应的权力。责大于权，不利于激发下属的工作热情，即使处理职责范围内的问题也需不断请示领导，这势必造成下属的压抑。权大于责，又可能会使下属不恰当地滥用权力，这就会增加老板管理和控制的难度。

③授权范围应正确。

作为一个私营公司，会有多个部门，各部门都有其相应的权利和义务，老板授权时，切忌交叉委任权力，这样会导致部门间的相互干涉，甚至会造成内耗，形成不必要的浪费。

（2）力戒授权的方法混杂。

领导者授权除遵守一般原则外，还要掌握授权的方法，不同的方法会产生不同的效果。授权的方法主要有以下几种：

①充分授权。

充分授权是指领导者在向其下属分派职责的同时，并不明确赋予下属这样或那样的具体能力，而是让下属在本管理者权力许可的范围内自由发挥其主观能动性，自己拟定履行职责的行动方案，这样的授权方式虽然没有具体授权，但它几乎等于将领导权力的大部分下放给其下属。因此，充分授权方式的最显著优点，是能使下属在履行职责的工作中，实现自我，得到较大的满足，并能充分发挥下属的主观能动性和创造性。对于领导者而言，也能大大减少许多不必要的工作量。但这种形式，要求授权对象有较强的责任心，业务能力也应较强。

②不充分授权。

不充分授权是指领导者向其下属分派职责同时，赋予其部分权限。根据所给下属权限的程度大小，不充分授权又可以分为几种具体情况：让下属了解情况后，由领导者做最后的决定；让下属提出所有可能的行动方案，由领导者最后抉；让下属定出详细的行动计划，由领导者审批；让下属采取行动前及时报告领导者；下属采取行动后，将行动的后果报告领导者。不充分授权的形式比较常见，这种授权比较灵活，可因人、因事而异采取不同的具体方式，但它要求上下级之间必须确定所采取的具体授权方式。

③要会弹性授权。

这是综合使用充分授权和不充分授权两种形式而成的一种混合的授权方式。它一般是根据工作的内容，将下属履行职责的过程划分为若干个阶段，在不同的阶段采取不同的授权方式。这反映了一种动态授权的过程。这种授权形式，有较强的适应性。当工作条件、内容等发生了变化，领导者可及时调整授权方式，以利于工作的顺利进行。但使用这一方式，要求上下级双方要及时协调，加强联系。

④掌握制约授权。

这种授权形式是指领导者将职责和权力同时指派和委任给不同的几个下属，以形成下属之间相互制约地履行他们的职责，如会计制度上的相互牵制原则。这种授权形式只适用于那些性质重要、容易出现疏漏的工作。如果过多地采取制约授权，则会抑制下属的积极性，不利于提高管理工作的效率。

（3）力戒授权的程序错乱。

一个私营公司即便人员不多，老板也应了解全部员工的全盘行动，授权后也不能万事皆休，否则，授权的结果只会带来负效应，在实际工作中，有效的授权往往要依下列程序进行。

①认真选择授权对象。

如前所述，选择授权对象主要包括两个方面的内容，一是选择可以授予或转移出去的那一部分权力；二是选择可以接受这些权力的人员。选准授权对象是进行有效授权的基础。

②获得准确的反馈。

一个老板授意之后，只有获得其下属对授意的准确反馈，才能证实其授意是明确的，并已被下属理解和接受。这种准确的反馈，往往以下属对领导授意进行必要复述的形式表现出来。

③放手让下属行使权力。

既然老板已把权力授予或转移给其下属了，就不应过多地干预，更不能横加指责，而应该放开手脚，让下属大胆地去行使这些权力。

④追踪检查。

这是实现有效授权的重要环节。要通过必要的追踪检查，随时掌握下属行使职权的情况，并给予必要的指导，以避免或尽量减少工作中的某些失误。

掌握以上授权的原则方法和程序，你的管理能力可因此更进一步。应该讲，一位私营公司领导要想使权力生效，必须靠有效授权来完成，否则就是霸权，而霸权只能导致孤立，最终制约私营公司发展的速度。

巧策 11

善于集权，才能围绕中心而不乱

掌握权力的 3 个原则

作为经理和主管，要掌握重权和感情输入地良好运用。重权过分，下属会认为你不近人情，缺乏理解，从而产生逆反心理，不愿干出成绩；感情输入过分，会使你显得软弱，缺乏应有的威慑力，从而对你的命令或指示置若罔闻。故此作为私营公司经理和主管一定要掌握好原则问题。

（1）民主原则。

民主原则，就是指经理和主管在行使权力的过程中，走群众路线，听取员工的看法，发挥集体领导作用，实现民主决策。

民主原则是经理和主管在工作中处理员工关系应遵循的基本原则。经理和主管与员工最基本的关系是权威和服从的关系。

要遵循民主原则，首先要有民主意识。贯彻民主原则的前提是民主意识，较好的民主意识对经理和主管遵循民主原则会发挥重要的指导作用。

经理和主管要遵循民主原则，就要有平等意识。经理和主管人在行使权力过程中，应该把下属视为朋友，以平等的态度对待。不摆架子，不打官腔，充分尊重员工的权利，在领导者与员工之间建立一种互相了解，互相关心，互相帮助的关系，充分使员工对自己的服从性和自觉性结合起来。

（2）依法原则。

依法原则，就是指领导者要在法律、制度、政策规定的范围内，正确地运用权力。

法，它是法律、法令、制度、政策、规定的总称。

经理和主管要注意法制，在自己的权限范围内，加强法制建设，并严格依照法律和制度来进行管理。任何管理都是对一个单位的管理，都是对一个群体的管理。管理就需要法，若离开了法，单位本身也就难以存在，群体就难免解体。管理一个国家需要有国法，管理一个单位也需要有规章制度。一个群体只有在一定的规则之内行动，才能保证单位的完整性、稳定性、正常性、和谐性。法既然是一个系统存在和发展的保证、正常运转的规则，那么会成为掌握一定权力的主宰，在赞助权力中，首先就要注重法制建设，做到"有法可依""有章可循"。在遵循规定的法律、政策的同时，对本单位需要规范的问题用明文规定出来，明确允许怎么做，不允许怎么做，作为规章制度，用以约束下属，也作为处理和解决问题的一个重要依据。

遵循依法原则，还要求经理和主管要依法用权。经理和主管职位有高低，权力有大小，但是无论职位多高，权有多大，都必须受到法律的约束，都必须在法律、政策、制度规定范围之内行使权力。

（3）廉洁原则。

廉洁原则，就是指经理和主管在运用权力时，要奉公守法，廉洁自律，不以权谋私，运用权力更好地为私营公司服务。

权力是为了完成各种不同职能而被赋予的，它是完成工作任务的工具，凡是掌握一定权力的经理和主管，都要圆满、认真地完成本职工作。从这个意义上说，没有无责任的权力，也没有无权的责任。责任与权力是伴生物。

坚持廉洁原则，不以权谋私，不是一个深奥的理论问题，而是一个实践问题，重在行动，贵在自觉。评价一个经理和主管是否廉洁，不是看他定了多少条措施，做过多少次声明，而是看他在行使权力中做得如何。一个经理和主管只有排除个人主义、私心杂念，不打自己的"小算盘"才能坚持廉洁原则。

坚持廉洁原则，就要加强思想道德修养。经理和主管的思想道德状况制约权力的使用。人们在从事各种职业活动中，思想和行为都应遵循道德规范和准则，这就是职业道德。

不能把权力当赠品

私营公司经理和主管大权在握，自不必说，如果能够抓一得二，才是高手。要想达到此效果，就要从管理中学会抓巧、抓妙，一抓一串的技巧。

上下级之间是一种相互依赖、相互制约的关系，这种关系处于良好的状态中，上下级的需要就得以满足。

一般来说，上级需要下级对本职工作尽职尽责勤奋努力，圆满地、创造性地完成任务；而下级则希望上级对自己在工作上加以重用，在成就上给予认可，在待遇上合理分配，在生活上给予关心。

对下级伤害最大的往往是，当下级工作取得成绩时受表扬的是上级，当上级工作发生失误时，背黑锅的是下级，造成下级的心理失衡。

因此，经理和主管要着手发现和研究哪些是下级关注的中心，并抓住这些中心问题，最大限度地满足下级迫切地需要，从而调动下级的积极性。

经理和主管在与下级相处时，要一视同仁，不分彼此，不分亲疏。不能因外界或个人情绪的影响，表现得时冷时热。

　　当然，有的经理和主管本意并无厚此薄彼之意，但在实际工作中，难免愿意接触与自己爱好相似，脾气相近的下级，无形中冷落了另一部分下级。

　　因此，经理和主管要适当地调整情绪，增加与自己性格和爱好不同的下级的交往，尤其对那些曾反对过自己且反对错了的下级，更需要经常交流感情，防止有可能造成不必要的误会和隔阂。

　　有的经理和主管对工作能力强、得心应手的下级，亲密度能够一如既往，而对工作能力较差或话不投机的下级，亲密度不能持久甚至冷眼相看，这样关系就会逐渐疏远。

　　有一种倾向值得注意：有的经理和主管把同下级建立亲密无间的感情和迁就照顾错误等同起来。对下级的一些不合理，甚至无理要求也一味迁就，以感情代替原则，把纯洁的感情庸俗化，这样做，从长远和实质上看是把下级引入了一个误区。

　　而且，用放弃原则来维持同下级的感情，虽然一时起点作用，但时间一长，"感情大厦"难免会土崩瓦解。

　　经理和主管在交往中要廉洁奉公，要善于摆脱"馈赠"的绳索。无功受禄，往往容易上当，掉进别人设下的圈套，从而受制于人。

　　有功于人，也不要以功臣自居，否则施恩图报，投桃报李，你来我往，自然被"裙带"所缠住，也会受制于人。

　　馈赠是一种加强联系的方式，但在经理和主管活动中往往诱使经理和主管误入歧途。有些馈赠的背后隐藏着更大的获取动机，特别是在有利害冲突的交往中，随便接受馈赠，等于授人以柄，让别人牵着鼻子走。

　　经理和主管在交往中，要注意自己身边人员的状况，从实际情况来看，经理和主管的行为在很大程度上受制于其贴近的人，这些人对于领导活动既有积极作用又有消极作用。平时，经理和主管在一事情上是依靠他们实现领导的，而他们又转靠"别人"帮助来完成领导者的委托，于是就出现了"逆向"的情况。经理和主管周围的人可直接影响领导行为，而"别人"又可左右这些人的行为，这里存在着一个"熟人链"。

显然，这些人不仅向经理和主管表达自身的需要，而且还要为"别人"办事，这自然增加了制约因素。

以上的原理告诉我们，经理和主管应该注意身边的人的制约，不仅要调整好与他们的关系，而且还要改变他们中的人员结构，提高他们的素质，避免给工作增加阻力和困难。

巧策 12

巧于沟通，防止产生不满情绪

不会沟通，就不能了解下属

私营经理和主管必须是一个好的沟通者。在现代私营公司组织关系中，大家越来越注意管理方面的密切联系，而且都在研究如何才能更有效更准确地相互沟通意见及思想。因此，新经理和主管要把注意力集中在发掘那些阻碍资料、意见等在整个机构中畅流的真正原因。畅流的主要目标是要传递及接收完整而准确的资料，同时，整理出机构中共同的意见及应遵循的方向。如果实施该法，更可促进成员之间、部门之间的相互了解。此外，新经理和主管还要不断地分析、督导管辖部门，使意见及资料确能畅通无阻。

管理工作中的沟通技术，既包括私营公司内部的上传下达，也包括私营公司与外部的联系。

管理也通常被视为各个局部进行沟通的过程，其意义指：管理者必须不断地去寻找部属所要求的以及探查部属对其本身的工作与私营公司的看法。然后，还要使部属知晓私营公司在进行哪些活动，并让部属参与管理的决策过程。

可见管理上的沟通，是上司与部属间不断回旋的过程。权威主义或单向沟通的管理者，很少试图从事任何努力，使部属们在管理活动上，占据相当主要的地位，以共同完成某些事务或持有相同的信念，而真正正确的管理，必须承认晋升部属及与部属维持良好关系的重要性；至少，近来的管理者，愈来愈感到必须间歇地停止训话，转而留心倾听部属们的意见反映。

如果经理和主管想取得真正的成功，就必须学会和牢牢掌握与人沟通的技巧。在管理过程中，经理和主管必须学会如何归纳问题，如何找出重点，然后把这些信息和自己的想法，以有说服力的方式，传递给适当的人，如果做不到这一点，那么纵使新经理和主管拥有世界上最好的创意、思想或方法，也将事倍功半。

因此，上司与部属间的双向沟通，已逐步在私营公司界展开，不管年轻或年老的管理人员都已发现，寻求部属员工参与决策的做法，会使私营公司充满光辉的前景。通常，新经理和主管必须花费 70% 的工作时间，用在人际沟通的事务上，而且愈是高层管理，所花费的沟通时间愈多。在沟通时间中，一般说来，有 9% 是以书写方式进行，16% 采取阅读方式，30% 以口头沟通完成，其余 45% 必须花费在倾听别人的意见反映上。所以，假如管理者是个拙劣的沟通者，员工的时间及私营公司的利润都会被糟蹋很多。

不同职位的人需要不同的沟通方式：上司需要别人汇报情况，同事希望与人共享，部下需要有人做出指示。每个单位都有一些不常沟通、但具有提供极佳意见内容能力的男女员工，我们可把他们分为三种类型：

（1）看起来比较孤傲的员工。这类员工大都出身于专科或专业环境，因为他们出身于那种环境，"能力决定报酬"的观念植于他们心中，因此这些"运用智能"的成就者时常埋头苦干于知道的事情，而开口讲时也只是讲几句简单的话，因为他们被鼓励的就只是忠于工作而已。这类人通常从未学习过人际关系的技巧。

通常，这类人对工作本身的忠诚，比对组织的忠诚还要强烈，他们更关心工作完成了吗这一类问题。如研究中心的科学家、会计师、工程师和许多其他这类专家，也都只关心他们的专业以及和他们的同行保持关系，而很少关心私营公司的经营状况。因此，他们被你雇用到的只是能力，而此种情形可能使他们在组织内的任何层级上，均与其他工作人员保持了一段陌生的距离。

（2）另外有一类常被新经理和主管忽视的人，他们所以无法贡献他们更多的心力，是因为他们是"热心但沉默的一类"；这一类型的人，我们称之为"大智若愚"。

（3）有些人所以没有做更多的贡献，仅仅是他们视多言如蛇蝎，他们认为只有言简意赅才有价值，而认为其他多说的一语一言都是在浪费时间，浪费生命。结果他们不愿表达任何"显然费时"的意见，但这些意见可能在讨论会中极富价值。

对这三类人，经理和主管必须加以分析，同时要求他们广泛地参与团体讨论，或在某些状况下让他们提出更细微、更吸引人的建议，并将这些建议付诸实施。当这些人参与任何层级的活动时，不妨给予热烈的赞许和鼓励。这些人已习惯于人们对他们工作成就的赞美，现在经理和主管的称赞或鼓励却起因于他们在沟通技巧上的改进，这会令他们感到惊讶。所以当经理和主管确实发现了一个沉默类型的人，要让他们对发表高论变得热心时，就必须让他知道你确实在注意和赞许他。

此外，让他们知道他们所缺乏的能力，也是有效的方法之一。如果经理和主管交付某人一项特别业务或工作，但却觉得他缺少领导能力，那么经理和主管必须尽可能向他详细说明他所缺少的，这可以给予他们面对问题的动机。

沟通技巧谈

当然，从第一线的经理和主管到中级经理和主管本身，也应该负起相当程度的沟通角色和责任，不可在一旁看热闹。如果你现在是一位经理和主管的话，除了要和部属、同事沟通之外，你也需要经常和那些职级比你高的经理和主管进行沟通。

你知道如何和上级经理和主管们进行有效的沟通吗？这里提供给你十条建议，如果你能确实遵行的话，你的沟通功夫一定会更加炉火纯青。以下就是快速提高你沟通能力的十条建议：

①随时让老板明了情况，特别是在事态刚露萌芽的时候。

②切忌报喜不报忧，有不利消息，就火速报告。

③问题十万火急时，赶快敲定时间和老板碰头。

④提供重大消息，最好有书面资料或支持必要的证据。

⑤提出你的观点、建议时，不妨简明扼要。

⑥对你提出的建议或决策有相当把握时，不妨表现出信心十足的模样。

⑦提出问题，同时提出解答。

⑧切忌越级呈报，有意绕过你的直属上司。

⑨双方意见相左时，先认同经理和主管，再表达自己的意见，请教上司。

⑩意见相同时，归功于上司的英明领导。

至于当你必须向下用口头传递你的指令或命令时，如何沟通才能赢得同事的支持和合作呢？

建议你可以根据以下七个技巧，来和属下进行沟通：

①下达命令，最好一次一个为原则。

②下达指令，要循正常渠道。

③态度和蔼，语气自然亲切。

④谈话要清楚、简单、明确。

⑤不要认为部属很了解你的话，如有可能，请他复述一遍。

⑥如有必要，可以亲自示范给他看。

⑦细节部分，如有必要，最好详加说明。

身为组织中的一员，任何人都无可避免地会和其他人，在向上、向下、横向、斜向等各种管道之中，不断地和别人沟通、沟通、再沟通。如果你是一位经理和主管的话，你在沟通渠道中扮演着"枢纽"的角色，更是上司和部属之间的"桥梁"。记住：你非常、非常的重要，你沟通得好，你和你的组织会更好更棒、更成功。反之亦然。

总之，沟通是不分地位、不分等级和类别的，是全员的责任。

巧策 13

控制下属，必须学会察言观色

善察下属靠眼力

"独具一只狼眼"，是私营公司管理者观察下属的本领。

在工作中要善于观察你的下属，这是很有必要的，这能够促使私营公司领导洞悉下属心理、想法、欲求，能够真正发现下属潜在的特质，抓住这一点，就能够比较好地抓准下属、用好下属。因此观察下属是私营公司经理和主管给下属定位的方法之一，不可疏忽。

当你在经理和主管岗位上超过两年，如果仍未看清下属的本领，你这经理和主管就算是白当了。

不要以为身为管理阶层，下属们便要看你的脸色行事，因为你不能期待所有人均知情识趣。事实上，许多人拥有优厚的潜能，只是性格上有些缺点；如果身为上司的你能适当安排，使他的缺点变成优点，就可以充分发挥他的潜能。做上司可以在许多方面躲懒，但了解下属的性格而做出适当的调配，这方面绝不能马虎。忽略下属的性格，勉强他们做不适合的差事，结果受挫折的将是上司。有些人以为定下的原则，如钢铁般不容破坏，更不容许他们以任何理由拒绝。这实属呆板的做法，因为原则是死的，人却是活的。

许多老一辈的管理阶层不易被下属接受，多是那些上司喜欢被下属奉承，却永不去了解下属，以致出现一面倒的情况。

经理和主管必须牢记一句话，就是：当面怕你的人，背后一定恨你。试想想你最怕看见谁，就知道你其实非常厌恶他。所以，不要使下属怕你，这是身为上司的第一规则。

你的下属每天均留意你的表现，你的笑容、严肃、皱眉，都显示你当天的情绪。你必须进行双轨沟通法，意思是你被下属了解的同时，也要对下属们做出长时间的观察和了解。学会善于观察人，看看你的下属都是些什么人。

有些人的自尊心特强，一部分是源于潜意识的自卑感。这种复杂的情绪构成反叛性格，面对上司时，依然摆出一副"不易屈服"的态度。如果上司与下属各持本身性格，不愿稍作迁就，结果造成双方关系僵持；对于身处高位的管理阶层绝非好事，这只是显示出你的管理方法失败。

事实上，无论对方是不是下属，命令式的口气均应禁绝。除了尊重对方之外，也使对方在执行时减少压力。例如 A 上司喜欢对秘书说："给我一杯咖啡。"而 B 上司则说："请你给我一杯咖啡，可以吗？"前者是典型的指示口气，后者则是询问口气。在听方看来，当然认为上司用询问式的口气指示自己，有一种被尊重感。

同样，在指示下属去做一件事情时，虽然不必用询问式，但命令式仍应尽量避免，取而代之的是拜托式。

表面上是拜托，实则令对方非做不可，例如："这件事靠你了"、"这件事依你的主意行事吧"、"有你做，应该没有问题了"、"我想不到比你更适合的人选"、"这件事还是由你亲自处理，我会较为放心"等。对方有被重视及不能有负所托的责任感，尤其是当在其他同事面前，无形间给予他"不能失败"的压力。在压力的推动下，潜质是会较容易发挥的。

善解人意，是衡量私营公司管理者是否从心理上打动下属的一个重要方面，唯其如此，私营公司领导才能深入下属的心灵深处，真真切切地把下属当做人来任用，力戒把下属当做机器人摆置。可以这样讲，唯有善解人意，才能用人至深。

从实际情况出发考虑问题

私营公司管理者不能考虑问题不全面，应该在处理某些问题的时候，从下属的实际情况出发，做出合理的决定。

（1）使人听命行事的三种手段。

前面曾经提过管理的定义应是借着他人自发性的协助与努力，以达到预先设定的目的。恐吓、报酬、建立共识等三种使人听命行事的手段中，只有"建立共识"能起到很好的效果。

所谓恐吓是指不顾对方想法，完全照自己的意思控制他人，比方说以"下地狱"的说法恐吓他人，制造恐怖气氛，类似搞个人崇拜的小教派的心理控制手法，或是违反上级命令便施以严厉处分的军队纪律等，都属于这种手段。

强调报酬的管理方式可说是有作用的，像那种比较艰苦的劳动工作或是危险的职务，往往必须靠这种强调报酬的方式来让人听命行事。

管理者的态度，就看他对这三种激励手段的重视程度不同而有所差异。如果经理和主管没有具备自然激发部属自主性协助能力，就会仗其职位采取高压统治，甚至有自筑高墙拒绝沟通的倾向，就算部属主动提出看法，他也会强硬地说："你不用再说了，就照我说的去做！"或说："我才不会听你的！"

通常这类型的人多半行事胆小谨慎，自尊心也比一般人来得高。因对自己的领导能力不具信心，即使是一点点的意见交换，也生怕防线失守，被部属破坏了自己身为经理和主管的威严。

具有某种程度自信的经理和主管，往往愿意虚心听取周围率直的意见。掌握部属的真心是互相了解的第一步，即使有时非得表现出身为长官的威严，等到最后一刻再表现也不算迟。

现今仍以地位、权威作为一切行动之依据的组织，就属军队为最典型了。因为军队将各种时候均视为非常时期，必须要求绝对服从。

在非常时期人们的确无暇去做民主式的讨论，但是有些经理和主管在平常的私营公司组织中仍拒绝沟通讨论，这种管理心态大错特错。

（2）"现在年轻人真不简单"。

不喜欢与部属或后辈沟通的人，经常会说："真是不习惯现在的年轻人！"或是说："被他这样搞，真让人担心！"其实不论东方人还是西方人，凡是上了年纪的人总喜欢说这种老气横秋的话，古希腊苏格拉底时代就有书本这样。

与多数的老人相反，高唱"现在的年轻人不简单"的老人虽然不多，可是确实有。比如在日本产业界中以提倡国际化著称的前任 SONY 董事长盛田昭夫先生就是其一。

"虽然常有人说和以前比较起来，现在的年轻人太不长进，但是我个人却不这么认为，我觉得现在年轻人的感受性比以前的人好太多了。"

事实上，除了盛田先生之外，还有不少私营公司经营者也曾表示过对年轻人心态的理解。想想也有道理，那种凡事坚持已见，眼界心胸狭隘的人，绝对无法获得工作同仁的共识，当然也不可能坐到负责人的位置上了。

只要能以不否定，并且尽可能体谅的心态来看人，通常都会发现每个人的特点与人价值，就算无法完全认同，也应能有一定程度上的谅解吧。

而对方也会随着你的谅解，表现出更宽容的态度，如此相互了解，将有助于彼此更深入地认识。只要稍稍改变观点，对事物的看法就会有一百八十度的大转变。

巧策 14

以信待人，才能找到真正的帮手

要会以心贴近下属

私营公司的经理和主管如何听取意见呢？

每个私营公司或商店，都应该建立起乐于服务，全心投入工作的风气。那么，应该注意哪些事项呢？

也许各人有各人的想法，但重点之一，则在于上司或前辈，要乐于接受部属或后辈的建议。当部属提出某些建议时，应该欣然地表示："没想到你会想到这种事。你很认真，真不错。"以开明的作风接纳意见，部属才会提出建议。

当然，你要站在上司的立场，从各方面考虑建议该不该采用。有时，虽然他们热心提供了许多建议，但实际上，并不便立刻采用。在这时候，也应该接受他的热诚，诚恳告诉他："以目前的情形，这恐怕不是适当的时机。请你再考虑一下。"一个私营公司或商号，有着包容建议的风气，是很重要的事。

如果一再地拒绝部属所提的建议，会使他们觉得"上司根本不重视建议，以后不再做这种出力不讨好的事了。"结果，只是死板地做自己分内的工作，没有进步，也没有发展可言了。这是很值得检讨的现象，相反的，上司应鼓动员工提出建议，确实做到积极地征求意见的态度。"提出建议，不但对私营公司很有帮助，且能增加工作的乐趣。请你好好地想一想，有没有什么好的建议。"这样不断提醒部属，才是真正重要的事。

有两位经理和主管，在能力方面不相上下，但是其中一位的部属，看起来工作精神非常充沛，业绩的成长也很迅速。另一位，他看起来无精打采，业绩也没什么进展。像这种情形，可以说处处可见。为什么同样有才干又热心工作的人，部属的成长却有那么明显的差距呢？原因是在是否会用人才。

会不会用人的标准在哪里呢？探讨起来，原因一大串，但最重要的一点，是在"能不能听从部属意见"。平常善于听从部属意见的干部，他的部属一定成长得快；至于不善于听从部属意见的干部，他的部属一定成长得慢。这种倾向是很明显的。

因为上司能听取部属的意见，他的部属就必能自动自发地去思考问题，而这也正是使人成长的要素。设想：身为部属的人，如果经常能觉得自己的意见受上司重视，他的心情当然高兴，于是不断涌现新构想、新观念，提出新建议。当然，他的知识也会愈来愈宽广，思考愈来愈精辟，从而逐渐成熟，变成一个睿智的经营者。

反过来说，部属的意见经常不被上司采纳，他会自觉没趣，终于对自己失去信心，加上不断地遭受挫折打击，当然也懒得动脑筋，或下苦功去研究分内的工作了，整个人变得附和因循，而效率也就愈来愈差了。

一般说来，上司和部属间，多数上司的工作经验会比较丰富，专业知识也比部属精深，所以部属所提出的意见，在上司眼中，也许根本就不成熟，不值一顾，尤其在上司忙碌的时候，更不可能有耐心去聆听。所以，关于上司是不是一定要听取部属的意见，或以什么态度去听取部属的意见，这件事情恐怕还是见仁见智，很难有一致的答案的。也许部属的意见听起来是幼稚可笑的，但上司必须有倾听的态度，假使在态度上能注意到这点，部属就会感觉被重视，而更主动找机会表现自己的才能。

尽管部属的意见不可取，上司也不能当头泼冷水，而应该诚恳地说："你的意见我很了解，但是，有些地方显然还需多加斟酌，所以目前还无法采用。但我还是很感谢您，今后如果有别的意见，希望您多多提供。"如果上司的措辞这么客气的话，部属的意见尽管不被采纳，心里也会觉得很舒坦。同时也会仔细检讨自己议案中所忽略的事，然后再提出更完整的构想。像这样激励，就是部属获得成长的原动力。

但这种安抚的做法，还是不够积极，还是要尽量采用部属的意见。当然，并不是说只要部属提出意见，不管对错，都要奉行，而是说，对于有缺点的意见，上司能加以弥补，并且说："既然有这种好构思，我们不妨做做看。"经常用这种态度来做事，虽然难免会失败，但成功率还是很高的。

经营者若想培养人才，就必须制造一个能接受部属意见的环境和气氛，不只是消极的沟通安抚，更要积极地采用推行，这样，才能集思广益，争取成功。我们必须承认，一个人的智慧，绝对比不上群众的智慧，所以上司积极听取部属的意见，才能得到共同的成长和较高的工作成效。

当上司有求于部下时，他千万不能以命令口吻，否则部下顶多只是做到服从、称职而已。这虽然也是一种工作态度，但希望部下有独立自主的目标，却很难达到。当然，由于职务不同，很多工作在形式上，不得不采取命令方式推动。同样是"你去做这件事"一句话，由于语调的不同，给人的感受就有很大的差别，对于上司的谦虚，敏感的属下不会浑然不觉。

不论如何，人总是喜欢在自主自由的环境中做事，唯有如此，创意和灵感才能层出不穷，工作效率才会提高，个人成长的速度也会加快。因此，上司站在培养人才的目标上，必须创造一个尊重部属的环境，而且尽量采纳他们的意见，以咨询的手段，来推动工作，自然能上下一致，相互信任。一方面能促使部属成长，一方面，也能使事业突飞猛进。

学会倾听他人

私营公司经理和主管崇尚人本主义——

人人都希望提高自己听的效率，做一个好的倾听者。而要想做一个好的倾听者，就要了解善于听讲的人有哪些特征，然后自己也去学习。好的倾听者有哪些特征呢？主要有：善于从讲话者的话里寻找自己感兴趣的内容；把听人讲话当成增长知识或了解情况的机会，从不放过任何信息；明白自己也有个人的偏见，因此总是尽量避免主观臆断；避免让对方的话影响自己的情绪，尽量保持冷静与客观态度；重视谈话者的独到见解，而不是斤斤计较现实上的对与错、行与不行；在交谈之后愿意花时间去回顾交谈的全部内容，整理出自己的想法，以便为下次双方交谈做准备；在心里把一段话的概要整理出来，把疑问提出来，同时也能洞察对方口头上未表达出来的意思。

倾听对于大多普通人来说可能不算重要，但对私营公司管理者来说却是必不可少的。

私营公司管理者可以通过实践来获得倾听技能，进而获得沟通的方法。

一般情况，实现有效倾听有以下几个步骤：

（1）以获得信息为目的进行每一次交谈，接受并理解别人向自己传递的信息。

（2）用身体语言表示对别人的信息感兴趣。身体向前倾，保持目光接触，集中注意力，不要让自己因外界干扰而分心。

（3）通过提问澄清内容，但也不要问太多的问题，以至于打断了说话人的思路。根据理解用自己的话复述信息，看看说话人是否认可你的解释。

（4）别人说的时候不要去想自己下一步该说什么，或寻找一个空隙自己可以"插话"，要集中注意力听说话人所说的内容。

（5）做记录以备日后参考，只记下说话的重点内容。过多地做记录反而会分散精力，阻碍你获得后面的信息。

（6）寻找一个最佳点来看和听。在会议中，你所坐的位置尤其重要，你需要听到别人所说的内容，还要保证获得会议中发送的所有书面材料。

（7）探究信息的实质。这种技能需要大量的实践练习，它要求对众多的材料进行心理筛选，以了解说话者想表达的真正意图。

（8）观察说话者的态度举止和演讲风格。

（9）交谈结束后，在自己心里对所得到的信息做个总结。

（10）与各种水平的人和群体交谈时，练习前面提到的每项建议，这样会成为私营公司中消息最灵通的管理者。

知道了倾听的步骤，私营公司管理者还要明白如何倾听指示。

私营公司管理者的任务是从高层管理者那里获得指示，并把它传达给基层员工。因此，理解指示的能力是私营公司管理者所必须拥有的第一重要技能。没有比理解错了指示，并把这一误解了管理层意图的指示传达给下级更狼狈的了。

要想第一时间获得正确的指示，必须经过坚持不懈的练习。具体做法如下：

（1）学会如何倾听。

（2）对指示态度积极，采取"能够做"的态度。

（3）在接受指示时做记录。保留这份记录，以备以后用得到。

（4）仔细询问自己不理解的所有要点和内容。

（5）在循序渐进的基础上，复述自己对指标的理解。

（6）如果指示本身很模糊或表达得不清楚，则可能说明管理者对他所要求的内容也缺乏明确的认识，这种情形在私营公司中时有发生。私营公司管理者有责任进一步探讨和询问，以使管理层清楚阐释自己的意图。

（7）当涉及如何具体操作时，不要害怕提出反对意见，但同时也要保证提供你的建议方案。

（8）当高层管理者口头传达指示时，私营公司管理者把自己对这一指示的理解记录下来，并通过书面备忘录向管理者发回解释。这是一种避免误解和尴尬处境的最好办法。

（9）会议结束之后，当出现问题时不要害怕，去向管理层询问。但是，在会议结束之后，要想再对程序提出反对意见则很难。

（10）当不同的高层管理者提出相互矛盾的指示时，不要让自己夹在中间做受气包。一旦接到相互冲突的指示，要让两位管理者都认识到冲突之处，并让他们裁决哪一个更有优先权。

遵循这些建议的私营公司管理者会给高层管理者留下这样的印象：他们做事态度正确，并且行为举止得当。

巧策 15

尊重对方，不用叱责代替一切

学会在尊重中赢得声誉

你和下属冷眼相对，太想把他们管理好，则谁也不会买你的账；相反，你和下属亲近一些，互相尊重，就会让他们觉得你的管理水平很高。

要想别人怎样对你，你就应该怎样对别人——这是一条尽人皆知的为人处世的黄金法则。尊重是双向性的：只有在身为经理和主管的你尊重下属的前提下，你的下属才能更好地尊重你，配合你的工作。每个私营公司最严重的问题就是人的问题，员工是私营公司最重要最富有创造力的"资产"，他们的贡献维系私营公司的成败。每一名员工都希望自己的意见、想法被经理和主管重视，都希望自己的能力得到经理和主管的认可。一旦他们感觉到自己是被重视的、被尊重的，他们工作的热情就会高涨，潜在的创造力就会发挥出来。

尊重是人类较高层次的需要。既然是较高层次的需要，自然不容易满足；而一旦满足了，则它产生的重大作用也是不可估量的。如何尊重下属呢？如果你一时还不知该从何下手，不妨听听我们的建议：

（1）不要对下属颐指气使。

在日常生活中有不少经理和主管就是这样随意使唤自己的下属，他们扩大了下属的概念，把他们与保姆等同。下属们心里会怎么想呢？他们心中肯定充满了不满的情绪，觉得自己被轻视侮辱了，从而对经理和主管有了抵触情绪，那他们还怎么可能会把百分之百的精力投入工作当中呢？正所谓"恨屋及乌"，如果员工们对经理和主管抱有一种否定的态度，那么他们又怎么可能努力去完成经理和主管指定的工作呢？

（2）礼貌用语——多多益善。

当你将一项工作计划交给下属时，请不要用发号施令的口气，真诚恳切的口吻才是你的上上之选。对于出色的工作，一句"谢谢"不会花你什么钱，却能得到丰厚的回报。在实现甚至超过你对他们的期望时，用一句简单的"谢谢，我真的非常感谢"就足够了，而下属们会得到很大的满足，那你何乐而不为呢。

（3）面对员工的建议。

当你倾听员工的建议时，要专心致志，确定你真的了解他们在说什么，让他们觉得自己受到新生与重视；千万不要立即拒绝员工的建议，即使你觉得这个建议一文不值；拒绝员工建议时，一定要将理由说清楚，措辞要委婉，并且要感谢他提出了意见。

（4）对待员工要一视同仁，不要被个人感情所左右。

不要在一个员工面前，把他与另一个员工相比较；也不要在分配任务和利益时有远近亲疏之分。

任何一个成功的经理和主管，首先都是一个尊重别人的领导。如果要做一名成功的经理和主管，那么先做一个尊重员工的管理者吧。

重要的是能够取胜

私营公司管理者如何获得"取胜"的欲望？

不掌握权力的领导人是不存在的。但是，同样的权力，不同的人用起来却有不同的效果。会用权的领导，游刃有余，一分能当十分用；不会用权的领导，捉襟见肘，十分权生不了半分效。

权力是场残酷的游戏，但又是每个领导都不得不倾尽全力去玩的游戏。这场游戏自有它的规则，但对你来说，千千万万的规则只用两个字便可概括，那就是"取胜"。为了这两个字，你应该为你的行动制定周密的计划。例如，在你准备替自己加薪时，你应当知道有关决定的那些人应如何补偿，他们的个性如何，以及可能发生的反应等多种情况，对反对与赞同你的人力加以衡量。但当你完全了解这些反对意见时，你仍须去了解该怎样做。"行动较谨慎更能赚钱"是一句值得记住的忠言，不管你是不是想做事，行动所产生的结果总是比不行动来得有趣。

为实现权力目标所使用的权力游戏的玩法是难以计数的，同时也是品质问题，而非研究的问题。但某些玩法是基本的，所有其他的玩法不过是从人变化出来的东西而已。事实上，可供玩游戏者玩的基本玩法仍是有限的，重要的是分"弱势游戏"与"强势游戏"。"弱势游戏"相当地受人低估，特别是男人，因为他们似乎缺乏技巧。

一个刚单枪匹马谈判一宗四十二万五千元交易的人，他会为了替自己加薪，不惜在董事会上，除了暴力外，做出任何事情来，但当别人要求每周加薪十元时，他为了避免介入，就会推托说是自己无能、疲倦、工作太忙，以及最重要的是无权。他双手上举而手掌向上，两肘斜翻，肩膀下沉，摆出一副要辞职的姿态，表示出无能为力的同情，这是弱势游戏中本能的肢体语言。

当要加薪时，牵涉的数目愈小，则愈难通过。将负责人的薪水从 2000 元提高到 2500 元是件很容易的事，甚至会感到要是年终不给他们 5000 元红包的话，即使不是一种侮辱，也是一种即将予以辞退的警告。相反地，把一位秘书的薪水从 700 元调高到 800 元，显然会牵涉到别人的痛苦的挣扎和自己的恳求以及私人的承诺。负责人的薪水不管如何大，会被看做是私营公司的正常决定，因为它是集体的决定；但较小薪水的增加，很自然地是个人的请求，需要有关负责人以自己的声望来解决。于是，同一个人就可以问了："你认为私营公司副总经理和主管的薪水应该怎么办？你是否认为我们应该给他 500 元钱？"当问到较小金额的加薪时，他会不得不这样说："我愿意给某先生一月另加 100 块钱。这是应当的，也会使我的工作轻松些，行吗？"钱的数目愈小，愈显得是个人的事，这可解释为什么多数人都不乐意担任这种工作，为什么获得巨额加薪的最佳方法是靠实力说话。

弱势游戏的主要用处是：当你说"不"时，实际上并不需要说它；加薪问题就是一个很好的例证，它说明了在什么范围内采取弱势姿态的好处。你的上级在评判你的表现时，部分是看在你的直接责任区内把你评价什么程度；至于那些职位较低的人，他们对你的忠诚是以你是否有能力获得他们所需要的东西来决定的。当处在这种地位时，你应采取的最好姿态是对上级表现得绝不妥协，对下级则尽量使用低姿态。

游戏权力的做法在许多方面都能获得丰硕的成果。

巧策 16

学会称赞，切忌成为"凶煞神"

学会称赞别人

"历史全是由夸赞的人来做的令人心动的注脚。"美国著名成人教育家卡耐基这样写道。确实，赞赏的力量是不可小视的，它不仅能给人送去温暖和喜悦，带来需要的满足，还能激发人们内在的潜力，彻底改变他们的人生。

（1）寻找优点，重视他人。

心理学家曾多次做过这样的实验：把学生们分成三组，对于第一组的学生凡事都采取称赞和鼓励的态度，对于第二组的学生则非常冷漠，不闻不问，放任自流，对于第三组的学生总是批评。一段时间下来，第一组的学生进步最快，第三组的学生有比较小的进步，而第二组的学生几乎没有进步。由此可见，人人都渴望受到重视，得到赞赏。

然而，人们却又往往如此吝惜自己的语言，就像著名心理学家杰丝·雷耳评论的那样："称赞对温暖人类的灵魂而言，就像阳光一样，没有它，我们就无法成长开花。但是我们大多数的人，只是敏于躲避别人的冷言冷语，而我们自己却吝于把赞许的温暖阳光给予别人。"中国人更是不习惯当面说人家的好话，喜欢以一种非常含蓄的方式来表达自己的感情，诸如"严是爱、松是害"，"打是亲、骂是爱"等，都是要求人们从行为中去慢慢体味其中蕴含的感情。

事实上，和人交往取得成功的第一步，就在于你看待别人的方法以及你由此表现出来的态度。那些冷淡的批评和眼光、言语、只会挫伤别人。无论是孩子还是成人，名人还是乞丐，他们内心里都是如此渴望得到别人的承认，被人接受。为什么我们就不能抛开自己的惰性，自觉寻找他人行为中的优点，坦诚地向他人表示接受，把温暖的阳光给予别人呢？

让我们一起来学学这位银行家吧。有一个乞丐，他每天都坐在银行大门旁乞讨。银行家每天经过这里时，总要往乞丐面前投一些小钱，同时要一支乞丐脚下的铅笔，并说："你是一个商人呀！"突然有一天，乞丐不见了，银行家也逐渐淡忘了他。有一天，当银行家在一家酒店用餐时，旁边桌上走来一位西装笔挺的先生，激动地向银行家说："还记得我吗？"银行家定睛一看，是那个乞丐。"我现在已经是一个推销商了。我从推销铅笔开始，现在我推销各种各样的办公用品。谢谢你，是你教会了我自尊，让我意识到自己应该是一个商人。"

这位银行家是多么善于发现他人的优点啊，更为重要的是，他按照他所看到的优点，坦诚得像对待一个真正的商人那样接受乞丐，对待乞丐，让乞丐看到了自身的价值，感觉到自己的重要，从而彻底地改变了自己。如果没有银行家的重视与承认，乞丐很可能现在还坐在银行门口靠乞讨为生。

让我们一起来学学这位银行家吧！用态度，用语言来赞赏他人吧！让温暖的阳光照亮我们每个人的生活吧！

（2）赞赏的语言艺术。

人们都渴望被人重视，被人赞赏，被人需要。赞赏是社交活动中的"润滑剂"。如何在社交中适当地赞赏他人，已成为一个人社交成功的关键。那么，在社交中究竟应当怎样赞赏他人呢？

　　首先，应当养成赞赏他人的习惯。像前面所提到的那样，生活中很多人都没有赞赏他人的习惯，他们很少评论发生在自己周围的、令自己感到喜欢的行为，不少人更喜欢用挑剔、批评的眼光去看待别人。其实，只要我们把赞赏看成一件小事，对别人每一个细小的进步都表示赞赏，例如你的孩子认真完成了作业，考试取得了好成绩，帮助父母做家务；你的妻子做了可口的饭菜，穿了一套新衣服，换了一个新发型等等日常生活中的小事，那么，你就能养成赞赏他人的习惯，别人也会非常高兴地接受你。

　　其次，赞赏的语言要具体而真诚，赞赏的话语应当发自内心。当你真心诚意与人交往时，你应当真诚地去寻找他人的优点，不带丝毫勉强地表达你的赞赏。勉强的或凭空捏造的赞赏有可能会打动别人一时，但不能长久地打动别人，有时甚至会导致关系的恶化。同时，你最好不要对别人说一些诸如"你太好了"，"你真是个好人"之类的话，最好用具体明确的语言来表达。赞赏的语言越具体越明确，它的有效性就越高。你可以比较一下下面两种赞赏，哪一种更有效。

　　甲："很感谢你仔细阅读了我的论文并提出了修改意见。我已经把原来没有考虑到的问题补充进去了。现在，我对修改后的文章十分满意。"

　　乙："万分感谢你在百忙之中抽出时间来一览拙作。能得到你的指点，我感到三生有幸。你真是太好了。"

　　无疑，甲的赞赏比乙更有效。乙的赞赏尽管言辞华丽，评价甚高，但语言空洞、含糊，给人一种华而不实的感觉。相比之下，甲的赞赏语言真实，具体，明确，马上就能给人一种真诚的感觉。分析甲的赞赏语言，主要有三个部分：表明你所喜欢的对方的某一优点或行为；这一优点或行为给了你什么样的感受或帮忙；你对对方这一优点或行为对自己的影响作用有何感受。

　　再次，要掌握几种常用的赞赏方法。针对不同的事情，不同的人物，不同的需要使用不同的赞赏方法。

①肯定赞赏法。

人人都渴望得到别人的赞赏，无论在事业上还是生活上，他们都希望通过别人的赞赏来肯定自己。肯定赞赏法在日常生活中，特别是在一些特定的时刻，如成功地完成某件事，作品的发表，特殊的纪念日等更具感染力，让被赞美者终生难忘。

深圳市某酒店经理和主管就非常善于运用肯定赞赏法。在接待由不少国家一流艺术家组成的 5 个艺术团体时，经理和主管发现了一篇热情洋溢的欢迎词："世界上有两种富翁：一种是物质的富翁，一种是精神的富翁。诸位艺术家阁下是精神的富翁，你们拥有不能用金银珠宝来计算的精神财富。同是有良知的人们，不一定给物质的富翁鼓掌，但一定为造诣深厚的艺术家们鼓掌，这掌声就是你们的价值。我们非常倾慕你们的富有，倾慕于你们的价值，假如来世我再投生，我愿走进你们的行列，做一名光荣的艺术家……"全体艺术团员，为欢迎词报以长久的雷鸣般的掌声。团长激动地紧握经理和主管的手，连声感谢这一番激动人心的鼓励，最后引用了诗句："世界确有真情在，人海茫茫有知音。"

②目标赞赏法。

渴望得到他人的赞赏是人性深处一个基本的特性。当你真心赞赏一个人的时候，你实际上使他更具有价值，更有成功感。因赞赏，人们会加倍努力；因赞赏，一些人确立了目标；因赞赏，更有人改变了人生的航向。目标赞赏法正是在于帮助人们树立一个目标，并鼓舞他们向着那一目标不懈地努力。

前面提到的银行家与乞丐的故事中，银行家就运用了目标赞赏法，为乞丐树立目标——做一个商人，使乞丐在他不断地赞赏中奋发起来，终于成为一个商人。

③反向赞赏法。

反向赞赏法与上面两种方法最大的差异在于被赞赏者的行为本来是应当受到批评和指责的。但是，批评和挑剔是人们最难以接受的方式，而且，无论怎样的批评，对于激发人们的干劲都是非常有害的。反向赞赏法的要诀就在于找出对方行为中值得赞赏的地方，给予肯定，对其错误则表示理解，不予评价。

美国某大私营公司开发出"肯定强化计划"，寻找每个员工的优点，加以肯定。这一计划在各部门实施，尤其是在三个营业额最低的分私营公司实施。两年后，这三个分私营公司的营业额从最低水平一跃而为最高水平。这是反向赞赏法产生的效果。如果成天批评那三个分私营公司的员工，结果会是什么样呢？也许它们现在还处在最低水平上呢。

总之，人与人，人与群体，群体与群体之间都是渴望相互交往的。在社会交际中，他们不仅希望爱和归属的需要能得到满足，还希望别人能够尊重自己的人格，希望自己的能力和才华得到他人公正地承认和赞赏。而且，他们尊重的需要一旦得到满足，就会成为持久的激励力量。

给下属把好脉

一个单位里的下属，并不都是那么精明、利落，难缠的下属也不少见，能够处理好与他们的关系，也是一种不小的本事。

最常见的下属无论大事小事都唠唠叨叨，好请示。这种下属往往心态不稳定，遇事慌成一团，大事小事统统请示，还唠唠叨叨，讲究特别多。

跟这样的下属交往，交代工作任务时要说得一清二楚，然后令其自己处理，给他相应的权力，同时也施加一定的压力，试着改变他的依赖心理。在他唠叨时，轻易不要表态，这样会让他感觉到他的唠叨既得不到支持也得不到反对，久而久之，他也就不会再唠叨了。

有的下属喜欢争强好胜，他总觉得比你还强，好像你们俩应该颠倒过来才对。这种人狂傲自负，自我表现欲望极高，还经常会轻视你，甚至嘲讽你。

遇到这样的下属，不必动怒。这个世界上，自以为是的人到处都有，你遇见了，很正常。也不能故意压制他，越压制他越会觉得你能力不如他，是在以权欺人。

认真分析他的这种态度的原因，如果是自己的不足，可以坦率地承认并采取措施纠正，不给他留下嘲讽你的理由和轻视你的借口；如果是他觉得因怀才不遇才这样的话，你不妨为他创造条件，给他一个发挥才能的机会，重任在肩，他就不会再傲慢了，也让他体味到做成功一件事情的艰辛。

有的下属总是以自我为中心，不顾全大局，经常会向你提出一些不合理的要求，什么事情都先为自己考虑。

有这样的下属在手下，你就要尽量地把事情办得公平，把每个计划中每个人的责任与利益都向大家说清楚，让他知道他该做什么，做了这些能得到什么，他就不会再提出其他的要求了。同时要满足其要求中的合理成分，让他知道，他应该得到的都已经给了他，而对他的不合理要求，要讲清不能满足的原因，同时对他晓之以理，暗示他不要贪小利而失大义。还可以在条件允许的情况下，做到仁至义尽，让他觉得你已经很够意思了。

还有的下属自尊心特强，极敏感，多虑，这样的人特别在乎别人对他的评价，尤其是领导的评价。有时候哪怕是领导的一句玩笑，都会让他觉得领导对他不满意了，因而会导致焦虑，忧心忡忡，情绪低落。

遇到这样的下属，要多给予理解，不要埋怨他心眼儿小，要多帮助他。

在帮助的过程中，多做事，少讲自己的意见，意见多了会让他觉得你不信任他，给他一些自主权，让他觉得自己能行。

要尊重敏感的下属的自尊心，讲话要谨慎一点，不要当众指责、批评他，因为这样的下属的心理承受能力差。同时也要注意不要当他的面说别的下属的毛病，这样他会怀疑你是不是也在背后挑他的毛病。要对他的才干和长处表示欣赏，逐渐弱化他的防御心理。

还有一种下属，喜欢挑领导的毛病，议论领导的是非。这种下属常对你的一些无关紧要的小问题渲染传播，留意你的一些细节，而有的还像是很忠诚地为你着想。

和这样的下属相处，首先要检查一下自己本身是不是有毛病。可以多征求他的意见，让他觉得你是真诚对他的，那他就不好意思再渲染你的一些生活细节问题。对于不易感化的人，也不要一味忍让，就其一点给予指出，让他有自知之明。

每个经理和主管都会遇到难缠的下属，你不可能把他们每个都推出去，你必须面对他们，学会了与他们交往，处理起与下属的关系来就更加得心应手。

巧策 17

知人善用，切忌滥竽充数

防止用人谋私

　　私营公司管理者的用人之术是什么呢？"术"有变数、诡术、技术，但用人是一门艺术，不能简单应付，作为经理和主管必须掌握用人的技巧，做到用人有术。

　　所谓用人之术，就是用巧妙的方法来管理人。

　　①用人应用忠诚的下属，如果下属处处犯难，怎么能顺利地开展工作？

　　②私营公司有刁钻之人，那么好人就不会来到；手下有妒忌的下属，那么贤能之才就会离去。

　　③千里之外去聘请贤人，路途是遥远的；而招引奸佞之徒，路途却是近便的。所以，高明的老板宁愿舍近求远。

　　④老板若事先周密地确定了用人、了解人的方略，在管理中施用其谋略而不露形迹，那么，用人的艺术就可以不断提高。

　　⑤私营公司内广开贤路，察访贤者而任用，使其位尊，再给以优厚的待遇，使他的名声显露。因此，天下的人才就会竞相而至。

　　⑥身边的人才，使用就会出现，不用就会埋没。

　　⑦做老板的方法，务必收揽那些杰出人物的心，重奖有功的人才，使自

己的意志成为众人的意志。

用人以术，妙用无穷，哪里是上面 7 条技巧所能概括完的。尤其是在商业竞争非常激烈的现代市场，用人以术往往能够制造获胜的"秘密武器"，这就如同国际乒乓球大赛中的排兵布阵一样。因此，用人以术是私营公司领导智慧的体现，是考验他们"独具慧眼"的体现。用人乏术，证明私营公司领导缺乏管理才智，缺乏调控本领。

用人之术的突出表现是"用人适己"。初看起来，"用人适己"似乎是狭隘的用人观念，但是私营公司领导坚持"用人适己"的用人观念，并不是自私自利，或以自我为中心盲目用人，而是根据私营公司的切身利益和特征，寻找和制定适合私营公司发展的用人战略，从中精选出吻合私营公司所需的大量人才。请注意，"用人适己"并不等于用人以私。所谓"私"往往是私营公司领导个人意愿的满足，或者说，所谓"用人适己"，就是使用人才时，以达成自己的心愿和利益为目的。为了理解用人适己，不妨先讨论一下用人以私的 10 大现象：

①明升暗降，从对手手中巧妙地夺取实权；

②以邻为壑，向领导转嫁困难和灾祸；

③各个击破，分期分批撤换对手的官职；

④声东击西，假意威胁某甲的官位，实则夺取某乙的官位；

⑤浑水摸鱼，乘混乱时机扩充自己的势力；

⑥以逸待劳，自己养精蓄锐，待对手疲惫不堪、元气大伤时，再整倒对手；

⑦收买人心，用不正当手段骗取大家的信任；

⑧以怨报德，借助恩人的力量发迹，然后再整倒恩人；

⑨以利诱人，用不正当手段拉拢腐蚀仇人，诱骗他为自己效劳；

⑩为所欲为，不择手段地达到自我欲望的满足。

与用人以私相反，"用人适己"则要做到：

①私营公司现在最需要什么样的人；

②私营公司将来急需哪些人力资源；

③现有哪些人才能够胜任私营公司急待解决的问题；

④应当怎样把某个下属安排或更换到适合其才智的工作岗位上；

⑤应当解除哪些不适合私营公司发展进程和策略的"多余人"。

因事设人，而不因人设事

处理人事关系是私营公司管理者案桌上的大事，因为它属于开发人力资源的问题。解决不好这个问题，你就会被拖得精疲力尽。

简单地说，每个人都有自己的特长和弱项，然而一个办公室或一个私营公司里的职务就是那么多，如果根据取长弃短的原则，给每个人安排一个职务，显然是不可能的。如果硬要安排，只能是形同虚设，毫无意义。

所以，高明的领导善于因事设人，而不会因人涉事；他会尽量坚持取长补短的原则，给每个下属安排一个最适合的职务，但又不顺从他们，而是在职务的限制下自由发挥。这就是因事设人。

"因人设事"之所以与"因事设人"相对立，是因为它们体现了两种不同的用人态度和方法。私营公司领导不应该漠视私营公司的实际需要而安置"多余人"，安置"多余人"只能给私营公司带来人浮于事的不良效果。因此，"因人设事"是私营公司领导不可不重视的戒律，而以"因事设人"为行之有效的用人原则。这就要求根据工作岗位的要求来挑选合适的人选，把合适的人才聘用到合适的职位上工作，加速私营公司工作效率。

一般来讲，"因人设事"有 8 大弊端：

①使私营公司管理出现人员"拥挤"的现象，从而使私营公司效率低下；

②给私营公司管理带来复杂的人际关系，以至于形成"关系网"；

③由于人浮于事，从而使私营公司的具体工作没有秩序，没有标的；

④会把私营公司的本位工作置于次要地位，而夸大人情的作用；

⑤会使私营公司在复杂的人际网络中逐步失去内在的活力和竞争能力；

⑥会使私营公司人才遭到创伤，因为不正常的人际关系会制约有用人才发挥作用；

⑦会给私营公司岗位职责带来破坏作用；

⑧会给私营公司带来"僧多粥少"的管理困境，从而造成经济效益短缺，财政支出浪费的现象。

"因人设事"的弊害非常多，最致命的一点是给私营公司恰如其分地运用人才带来负面效应，从而使私营公司彻底丧失内部管理机制，出现任人唯亲的恶果。

一位对私营公司抱有责任感的领导，千万要在"因人设事"与"因事设人"两方面做出正确的选择，否则就会重创私营公司发展的活力。

与"因人设事"相对立，人要因事而设，这是不言自明的道理，具体做法是：

（1）各就其位。

事业为本，人才为重，人事两宜是用人的重要原则。人事两宜，包括两个含义：第一按照需要，量才使用。社会的发展不仅迫切需要各方面的人才，而且也为发挥人才的作用开辟了广阔的道路。积压人才，用非所学，不把人才分配到最能发挥其专长的地方去，强人所难，就会影响私营公司的发展。

第二要了解人，而且要了解得彻底，还要有全面的观点，在使用人才时要职能相称，量才适用，适才所适。人才是有不同层次和类型的，要做到大才大用，小才小用，使相应的人才处于相应等级岗位，把人的才能、专长与岗位、职务、责任统一起来。

选人用人的时候，不仅要考虑全局，教育人们服从需要和分配，而且必须考虑人才的志趣、特长、气质、能力，做到合理使用，让每个人去干自己最擅长的工作，为他们提供充分施展才能的条件和机会，不要强人所难。这样既能避免大材小用，造成人才有余，浪费人才，也能避免小才大用，才不称职，贻误工作。

（2）尽其所长。

高明的领导者在管理人才时，总是根据人才的潜能、特长和品德合理地使用它们，分配给人才使用的权力必须足够使其发挥作用，如果出现错误，结合其优势督促人才合理改进，人才自然会愉快地接受。如果分配给人才的职位，根本不能发挥他们的才能，在这种情况下，人才连适应都来不及呢，哪里还能发挥什么才能呢？

（3）因人而异。

用人需根据人才的条件进行安排，人才发挥作用、建功立业也同样需要有客观条件，条件不具备时，人才即使有比尔·盖茨、戴尔、杨致远的能力，也会徒劳而无功，发挥不了作用。另一方面，人才各有不同，有的人善于按最高管理者意思做事，能做到这点时，他很容易满足；有的人志在管理好全局，全局管理好了，他就会高兴；有的人懂得管理社会事项，懂得什么事现在可以做，什么事可将来做，善于适可而止，长远安排；如果能辨别以上各种情况，那么这个领导人才能真正称为伯乐。

做一个现代的伯乐并不难，只要你在人与事的主次上恰当把握，就会做到因事设人，而不是因人设事。这样就会使私营公司每个人都能胜任自己的工作，每项工作都有合适的人来完成，从而提高私营公司工作的整体效益。一个私营公司要获得和充满生机，前提是人人有其责，事事有人做，时时见效率，而这正是因事设人的益处。

能人当家，庸人就不会抛头露面

认真对待你手中的能人

能人就是有一技之长之人，这类人多是孤傲自赏，不听使唤……用能人的第一要诀就是想方设法让他敬佩你……

卓越的商人，优秀的私营公司家，应善用人才，协调关系，时刻不忘：人，是私营公司的决定因素。"上下同心"，方有私营公司的发展。

对于一个私营公司来说，没有智勇双全的人物的辅助，不能有效利用身边的人才，在残酷的竞争中，就有可能被动挨打，甚至处于倒闭的境地。而一旦你拥有了这种"秘密武器"，在商场的竞争中，得胜的就可能是你。

克莱斯勒作为美国汽车工业的三大公司之一，长期保持着强劲的发展势头。然而到了 70 年代初，由于公司领导经营决策的失误，竟连年亏损。到1979 年，克莱斯勒公司的亏损至 11 亿美元，各种债务高达 48 亿美元。倒闭，似乎是公司必然的结果了。

然而，李·艾柯卡的出现，挽救了公司的命运。受命于危难之时的他，认真地调查和分析了公司的现状，大刀阔斧地对公司进行了改革：整顿高层领导、压缩规模和削减人员等几项措施的实施，使公司去掉了沉重的负担。紧接着，他又采取了有效的策略和措施，使公司不仅没有倒闭，反而盈利速增，很快就又迅猛地发展起来了。由此可见，人才对公司兴衰所起的重大作用。

商场如战场，要想在商场中站稳脚跟，就必须有出谋划策、骁勇善战的良才。那么，作为私营公司的经理和主管人员，怎样才能发现人才、聚拢人才并有效地利用人才呢？

首先，私营公司的经理和主管人员要学会发现良才，长期的考察是对员工的品质、性格及对工作态度的一个鉴定，而短期的面谈则是发现良才的最佳途径。

并不是所有的人才都能成为私营公司的精英。私营公司不同，所需的人才也不同。经理和主管在发现人才以后，就应把这些人才细细地归类，认清到底哪种人才更适合本私营公司，能在私营公司中充分发挥其才干。

每个经理和主管手下都会有几个能干的部下，他们是私营公司的台柱子。经理和主管一定要照顾他们的自尊心，要多正面表扬他们，绝不能侮辱这些心腹重臣。

齐国的田单欣赏貂勃这个人的才能，就把他推举给襄王。此前，田单收复被燕国占领的国土，襄王为了报答他而赠予宰相之位，但襄王有九位宠臣，个个都嫉妒田单，想搞垮田单，所以就向襄王说坏话：

"田单位极人臣，但对大王既无君之礼，亦无上下之别，而且在国内收揽民心，大做人情；在外则收服天下的贤士，结交诸侯的英杰，可知他心中必有所图。希望大王要多加小心！"

襄王一听动了心，就下令；"叫田单来！"

襄王直呼田单之名，以此羞辱他。田单弃冠，赤足，打个赤膊，一身受辱的模样进来，乞求襄王赐死：

"大王，你不要逼我犯罪，但只有你对我行臣子之礼，我才对您行君主之礼！”

襄王不再作声了。

一会儿之后，貂勃在酒宴上侍候，襄王又出狂言："叫田单来！"貂勃便说："大王何苦口出亡国之言呢？大王与古代的周文王比起来如何呢？"

"比不上。"

"跟齐桓公比呢？"

"周文王得到姜尚，尊为太公；桓公得到管仲，敬为仲父。现在大王得到田将军，动辄呼之为田单。今天大王能当齐君完全是田将军的功劳。侮辱那样的柱石功臣，不是口出亡国之言又是什么呢？请大王赶快诛杀那几个人，向田将军道歉，否则国家危险！"

襄王如受醍醐灌顶，立刻诛杀了那几人，向田单道歉，君臣和睦如初。

部下在某方面的才能超过了经理和主管，经理和主管绝不可像齐襄王那样，企图通过侮辱他们来压低他们的声望，这样必然会引起部下的反抗，导致上下失和，有损私营公司大业。

经理和主管们一定要牢记：千万不能侮辱心腹重臣，要在生活上关心他们，在工作上放手任用他们！

用人要用到点子上

作为私营公司管理者，一方面要使管理工作正常有序，另一方面要让自己看中的人才尽显其能，给他们提供施展本领的机会。不理解这一点，你就会面临人才流失的危险。

一个私营公司一般难得有几个"超级骨干"，但是，管理这些业务尖子却极有学问。私营公司很难留住他们不跳槽，更难用新人取代他们，而他们被提升所造成的与其他人之间的鸿沟甚至会给私营公司现状带来一场浩劫。

作为一个经理和主管，你必须时时在超级骨干们正当的晋升需求与这些提升在私营公司其他人之中造成的震动这两者之间做出权衡。有时候提拔这些超级骨干反而埋没了他们的才能。举一个最普通的例子：你将最好的推销员提升为销售经理和主管后，发现销售额陡降，原因是这个超级推销员现在更多时间是坐在办公室里，而不是在推销第一线。

解决这个问题的关键之处在于不要把"受重用"狭隘地理解为在私营公司机构的台阶上迈一步，以致为了在台阶上攀登得更轻快，这些能干的员工不得不卸掉原来的一部分责任。更好地做法也许是，让他们担负更多的工作。

例如，在一个私营公司里，当需要让某个员工承担新的责任时，经理和主管并不卸去其原来的工作。当他们需要别人的帮助和支持时，他们自然知道去招聘什么样的人才，或私营公司原有的职工中谁可以帮忙。长期积累起来的某方面的经验与专长在其新的职位上不应该成为累赘，相反，经理和主管认为这些经验和专长是他们的本钱。如果一个人真的如其自己所认为的那样能干，那么在拥有一个不断扩大的事业基础与成为一颗上升的新星这种选择之中，他应该选择前者。

策动大家，自己不搞大包大揽

让下属自己显才能

任何人都是平等的，但是在私营公司中体现平等原则则不是一件容易的事。这就要求私营公司管理者心里要有公平待人的意识，只有让下属增添主人翁的意识，才能减少一些被动从事的人。

（1）让胆怯者敢于上阵。

既然有什么事都说了算的经理和主管，也必定有那种拿"基本上"或"姑且"等不干脆的话当口头禅的经理和主管。这样的情况又该如可应付呢？

相对于高压管理，不愿聆听他人意见的经理和主管，那种懦弱型的经理和主管往往因为自身缺乏魄力，而期待有人能给予后援。

不擅拿主意的人约可分为以下几种：

①约束自我不可独断独行，愿意倾听周围意见的诚实熟虑型。

②太过温顺，对于任何人的意见皆表赞同，结果最后无法做出决定的优柔寡断型。

③个性上极不擅于表达自我，因而感到痛苦的纯粹内向型。

④想到事后责任，生怕必须为自己的决定负责的逃避决断型。

这当中只有类型①的人，与其说他懦弱畏缩，还不如说他是约束自己不要过度表达自我主张，进而能仔细聆听他人意见。这种配合组织的态度是值得积极赞许的。但是除了这种类型之外，其他三类型都患了"优柔寡断症"。

为自己所做的决定负责是经理和主管的重要职责，无法拿定主意，或是不擅于做经理和主管是不够资格身居管理职位的。但在现实生活中，这类的经理和主管也并不少见。

"基本上我们还是跟 A 私营公司继续来往吧。""姑且看看到下个月底前这个促销案推行的状况吧。"这类经理和主管的话语中往往会出现许多态度保留的方面，总给人观察情势的印象，可以看出他们都有将重要决断延缓的习性。

面对这样的经理和主管，部属就算明确表达出自己的意见，也不会有什么问题。只要不是嘲笑经理和主管的懦弱个性，部属的提议经理和主管反倒是相当欢迎的。正因为他们无法独自做主，所以迫切希望得到他人的建议或看法，此时如果我们能给他强力的后援，就能帮他摆脱犹豫不决的困境。

对于同事或部属也是同样的道理。面对个性优柔寡断的人时，光是和他一起烦恼是不能解决问题的。"这样做绝不会错。""没问题，可以顺利完成。"类似这般肯定的建议将可发挥正面激励的功效。

（2）在关键的时刻提出意见。

我在社会工作五六年后，曾和一位前辈有过下面这样的对话：

"最近私营公司打算轮调一个人到我们的部门，听说我们可以按照我们的希望，从会计部、销售部和策划部中选出一个合适的人。"

"真的可以按照我们的希望吗？"

"也不一定啦，只是私营公司有这样的考虑，虽然这几个人可以说是半斤八两，但是我觉得艾卡可能比较适合。"

"是吗？"

"至于里克则是挺情绪化的，而杰克做事又太没有魄力。这三个人的条件其实都半斤八两，不过我敢说最后应该是人际关系比较好的艾卡中选。"

"艾卡先生好像人缘挺不错的。"

"可是里克做事比较有魄力。"

"说的也是。"

因为我相当清楚自己的立场所在，所以打算谨慎地迎合前辈所言来回答，没想到前辈竟然悻悻地说："给我说清楚你的看法！"

其实这位前辈的用意是想让早晚也会和他同部门的我来做选择，但是他没有直接告诉我他的想法。如果是这样的话，其实明白跟我说也无妨。通常组织中有个不成文的规定，那就是有关的人事的问题，非相关当事人，是不可以插嘴讨论的。

可是这位前辈虽然已是经理和主管，平常在决定事情时就挺不果断的。如果我当时能了解这种人常会以不经意的语气征求他人意见，我想我应该可以想出更恰当的应对方法。

经过几次类似的经验之后，我学到了一个心得。那就是不论是前辈或是后辈，如果对方是属于不擅拿主意的人，当他们有意无意地征求意见时，一定要清楚明白地给予建议，如果实在不知道如何回答，也要明确告知答不出来。

所以说有时候当我们刻意保持谦虚，态度谨慎地想扮演个聆听者的角色时，反而会招来"没有替对方设想"的误解。

（3）多给别人打气。

常有人说："会找人商量的人，往往自己心里已经有了结论。"这是对的。那些优柔寡断的人，无法对事情做出选择，其实不是没有选择的能力，只是不擅于下定决心。

不论是工作方面，还是人际关系方面，从数个选项中选择其一，同时也意味着得放弃其他的选项，他们正是害怕这样的放弃，或害怕做出可能会让自己后悔的事。一旦有这样的心态，自然会踌躇不前。凡事考虑太多的人常有这样的倾向。

这些人的失败往往不在于做错选择，而多半是他们对自己所做的选择缺乏自信，无法贯彻到底所致。跟这样的人商量时，与其花时间和他讨论应该如何选择，还不如鼓励对方对自己做的选择保持自信，赋予他实践的勇气。

"只要相信自己的能力并努力工作，必定能够成功。"被别人这么一说而使自己产生那样的动力，这也可说是一种活力释放。那种对于未来的断言，将会变成一种强烈的暗示来支配人心，同时也会促成自信的形成，驱使人朝着预言中的未来行动。所谓自律训练法即是应用此种连锁反应，借自我暗示来获得成功。自律训练法，基本上都是利用培养集中力与自我暗示来获得效果，这可以说是各种成功诀窍的共同本质。

有一位对私营公司宣传相当了解的专家，他在进私营公司几年后，从他原本十分喜欢的业务部被调到宣传部，为此他曾经消沉了好一段时间。有一天晚上他和过去业务部的后辈到路边小摊对酌，当他不知不觉自怨自艾地发着牢骚，这位后辈对他说："你千万别忘了有好多人可是十分羡慕你的。将来宣传会是时代的主流，如果有机会也请你拉我一把，介绍我到宣传部去。"

姑且不论这句话到底有几分真实性，但是据人说，他就是因为有了这句话的鼓舞，让他拥有了连自己都不敢相信的勇气。虽然宣传时代的到来，在当时可能还得等一段蛮长的时间。

鼓励员工自己解决问题

私营公司管理者每天总是被淹没在请示、汇报之中，这种领导是可悲的，美国一位中型私营公司的经理和主管也有过这种经历，但通过一件事情，他学会了拒绝依赖性请示。

有一次，一位会计人员送给他一份关于内部控制方式的请示，请他审阅指示，做出关键性措施的决策。可是他因为忙，这份材料放了一个月也没有顾上看。当会计第三次询问他的时候，他对会计说："我可能永远也不会有时间，你自己分析一下，提出个措施来吧。"结果，第二天会计就把问题解决了。

从此，他有了个主意：把每天的工作分成两类，一类是本来就该他自己干的工作，另一类是员工"分配"给他的工作。凡属替员工做的事，不论自己有无时间，他一概拒绝，而是让来请示的员工带着问题回去，想好解决的办法再来汇报，对于引进有潜力的员工，他特别花精力加以培养并调整职位，从此就把某一类问题交他负责解决。这样做的结果，私营公司的管理人员人人勤于动脑，提高了独立工作的能力。

无论你是一个怎样的天才，无论是怎样的能干，一个人的能力总是有限的。要做一个好经理和主管，并不容易，有的经理和主管被各种事情弄得无力招架，却未能取得好的成绩，就像这位经理和主管一样。有些下属部门不习惯于解决问题，并不是他们不能解决问题。这位经理和主管就对下属说："你自己分析一下，提出个措施来吧。"问题便解决了，鼓励员工自己解决问题，你何妨不轻松一下呢？

罗丝玛莉·安德林是一家大型私营公司的办公室监工。她希望私营公司能购买一批最新型的文字处理机，以更换现在秘书们正在使用的普通打字机。

这种文字处理机具有"迷你电脑"装置，它可以储存输入资料，待稍后再输出，可以自动处理空格；可以利用重打来更正错误；也可以在已经打好的标准信函中插入一段特别文字。原稿一经定稿，打字机就会自动印出所要的张数。

于是，她针对这种文字处理机的各种优点及细节写了份报告，说明更换设备不仅可使打字员和秘书不用再为改错而反复重打，而且还可以大大提高她们的工作效率。当她把这项计划呈给总经理和主管过目时，她失望了。总经理和主管否决了这项计划，原因是没有这笔预算。

然而，罗丝玛莉并没有放弃她的想法。她考虑再三，重新写了一份报告，以另一种方式处理这件事。

她对经理和主管说："请想想昨天下午在会议室里发生的事情。我们的私营公司必须给 6 位律师支付高薪，其中 3 位是我们私营公司的专职律师，两位代表对方私营公司，一位代表政府。他们坐在会议桌旁，等待我们私营公司的打字小姐把复杂的合作草约打好，但那份草约却是一打再打，足足拖了三个小时。

特别不幸的是，在这么重要的情况下，草约好几处仍有打错改写过的痕迹。我们所要说的重点就在这里——我们很清楚我们把优先顺序弄颠倒了。我们只考虑投资买了这种处理机后，每打一页纸将增加一分钱成本，却没顾及在使用原有的打字机时，我们必须负担每人每小时 300 元的律师费。单是昨天这种情况，我们就要花费 5400 元，这已足够买一台文字处理机了。"

结果，经理和主管同意了罗丝玛莉的建议，整个办公室都用上了这种先进的文字处理机。

作为领导者，我们往往会因一念之差而拒绝员工的一条十分有益的建议，在员工在向自己提出建议的时候，不妨认真听听。也许，因为太忙了，我们不妨指派人员对这个建议好好分析它的可行性。

我们不能一口回绝这些建议。如案例中罗丝玛莉·安德林所提的建议，如果不是罗丝玛莉有极细致的分析能力和对私营公司负责的态度，这个私营公司为了省下一笔并不多的投资而可能付出数倍于投资的代价。

我们可能不太注意到那些隐性投资，而员工则会注意到，我们何妨听他们说说呢？要知道，注意别人也是私营公司管理者进行有效管理的方法。

巧策 20

事关人人，切忌自己忙个不停

诸葛亮越多越好

从大家的智慧中提取合理的见解，从而为私营公司制定一条正确的行进线路，这是第五代经理和主管人关注的焦点之一。

通用电气私营公司的前身是美国爱迪生电气私营公司，创立于 1878 年。

经过一百多年的努力，现已发展成世界最大的电气设备制造私营公司。生产的产品种类繁多，除了一般的电气产品，如家电、X 光机等，还生产电站设备、核反应堆、宇航设备和导弹。但到了 1980 年，这个巨大的私营公司却落到山穷水尽、难以维持的境地。

就在这危机关口，年仅 44 岁、出身于一个火车司机家庭的约翰·韦尔奇走马上任了，担任了这个庞然大物的董事长和总裁职务。

他上任后进行了一系列改革，其中最重要的一条就是，宣布通用电气私营公司是一家"没有界限的私营公司"，指出："毫无保留地发表意见"是通用电气私营公司文化的重要内容。

1986 年，一位年轻工人冲着分私营公司经理和主管嚷道："我想知道我们那里什么时候才能有点'管理'！"韦尔奇听说后，不仅不允许处分这个年轻人，还亲自下去调查，几周之后，分私营公司的领导班子被撤换了。

在通用电气私营公司里，每年约有 2 万到 2.5 万职工参加"大家出主意"会，时间不定，每次 50 到 150 人，要求主持者要善于引导大家坦率地陈述自己的意见，及时找到生产上的问题，改进管理，提高产品和工作质量。

职工如此，私营公司的各级领导层也在这个精神的指导下，更加注意集思广益。

每年 1 月，私营公司的 500 位高级经理和主管在佛罗里达州聚会两天半。10 月，100 名主要头头又开会两天半，最后，30—40 名核心经理和主管则每季开会两天半，集中研究下面的反映，做出准确及时的决策。

当基层开"大家出主意"会时，各级经理和主管都要尽可能下去参加。韦尔奇带头示范，他常常只是专心地听，并不发言。开展"大家出主意"活动，给私营公司带来了生气，取得了很大成果。如在某次"出主意"会上，有个职工提出，在建设电冰箱新厂时，可以借用私营公司的哥伦比亚厂的机器设备。哥伦比亚厂是生产供使用的压缩机的工厂，与电冰箱生产正好配套。如此"转移使用"，节省了一大笔开支。这样生产的压缩机将是世界上成本最低的、质量最高的。

开展"出主意"活动，除了在经济上带来巨大收益之外，更重要的是使职工感到自己的力量，使其精神面貌大变。经韦尔奇的努力，私营公司从 1985 年开始，职工减少了 11 万人，利润和营业额却都翻了一番。1988 年，它在世界最大的私营公司中排名第 10，在美国排名第 5，营业额高达 552.64 亿美元，利润 39.29 亿美元。

经理和主管不是天才，哪怕你是一个天才的经理和主管，你的伟大的脑子也有疏忽的时候。天才的经理和主管是群策群力的领导。

通用电气私营公司的前几任总裁未必就不是个天才。然而，他们却忘了重要的一方面，这么大的一个私营公司，员工的体会是最具体的，也是最实际的。在许多方面（实际而具体的工作），私营公司总裁不可能都清楚，让员工提意见，你会发现我们并非天才。我们需要员工，也需要他们的意见和建议。

架设共同的桥梁

所谓共同立场，就是经理和主管与部下之间的一种默契，即所谓的心有灵犀一点通：发达时，上下一心朝着相同的唯一目标奋进；危难时，同仇敌忾，互相支援，共渡难关。这是一个私营公司不断发展的根本前提。

怎样达成共同立场？

如能满足以下三条原则，那么经理和主管一定会用人得当；如果无法满足这三项原则，那么即使再优秀，再有能力的领导，也无法达到统率的最大效果。

（1）给予利益。

给予利益，就是我们所说的奖励。利益是使部下心系私营公司的一条纽带，人人都趋利而动，

经理和主管向他提供的奖赏多，他必然会对你情有独钟，如果下属做成事，经理和主管却像铁公鸡一般一毛不拔，那么属下必然会奔向"羽翼丰满"的经理和主管。

可见，给予利益是与部下达成共同立场的第一步骤。

（2）使其畏惧。

使其畏惧就是责罚。私营公司的规范必须严格遵守，一旦哪个下属触犯条例，那责罚必须立即跟上。否则规章便会失去效力，经理和主管也丧失威

严，成了纸老虎，没人怕你，那经理和主管岂不成了光杆司令，岂不悲哉，私营公司的前途更成为一句空谈。

（3）动脑之后，还要动心。

动脑，是指经理和主管经过理性思索，做出英明决策和理智的方案统率部下；动心，则是指经理和主管对部下动之以情，达成心灵之间的默契。

"对方的心与自己的心之间，必须有一道桥梁，并且借助语言彼此交流。"而语言的交流无法单方进行，它就好像打排球一样，一球一球地接好，才能把彼此的心意全盘托出，这样相互理解后，才能达成彼此的默契。

这种温柔的手段是经理和主管应采取的达成共同立场的首选方式。

但如果到了紧要关头，部下还没与上司达成一致意见，无法领导时，那么，对不起，只好采用强硬手段，不管其本人意思如何，非得强制执行不可。轻则降薪，重则免职，只要关系到大多数人的利益，关系到私营公司的前途，这些做法并不为过。

因此，经理和主管的目标是，采用各种手段，使上下达成共同立场，如此，才能心系一处，共创佳绩。

私营公司管理者应当相信"共同立场"的作用，这是一种互补性策略。

巧策 21

依靠团体，才能发挥合力的作用

建立一支完善的管理团队

私营公司管理者相信：一个真正的团体就是一群志同道合的人。

我们看过一些非凡的领导人，他们好像有天生独特的再生能力、魔力，可以在很短的时间内，扭转乾坤，将一群柔弱的羔羊训练成一支如雄狮猛虎般的管理团队，所向披靡。

此外，我们还会发现另一个十分可贵的事实：每位成功的领导人几乎都拥有一支完美的管理团队。

这些成功的领导人所率领的团队，无论是他的成员、组员气氛、工作默契和所发挥生产力，和一般性的团队比起来，总是有相当大的不同的地方，他们常表现出以下主要特征：

（1）目标明确

成功的领导者往往主张以成果为导向的团队合作，目标在于获得非凡的成就；他们对于自己和群体的目标，永远十分清楚，并且深知在描绘目标和远景的过程中，让每位伙伴共同参与的重要性。因此，好的领导者会向他的追随者指出明确的方向，他经常和他的成员一起确立团队的目标，并竭尽所能设法使每个人都清楚地了解、认同，进而获得他们的承诺、坚持和献身于共同目标之上。

因为，当团队的目标和远景并非由领导者一个人决定，而是由组织内的成员共同合作产生时，就可以使所有的成员有"所有权"的感觉，大家打从心里认定，这是"我们的"目标和远景。

（2）各负其责

成功团队的每一位伙伴都清晰地了解个人所扮演的角色是什么，并知道个人的行动对目标的达成会产生什么样的贡献。他们不会刻意逃避责任，不会推诿分内之事，知道在团体中该做些什么。

大家在分工共事之际，非常容易建立起彼此的期待和依赖。大伙儿觉得唇舌相依，生死与共，团队的成败荣辱，"我"占着非常重要的分量。

同时，彼此间也都知道别人对他的要求，并且避免发生角色冲突或重叠的现象。

（3）强烈参与

现在有数不清的组织风行"参与管理"。领导者真的希望做事有成效，就会倾向参与或领导，他们相信这种做法能确实满足"有参与就受到尊重"的人性心理。

成功团队的成员身上散发出挡不住参与的狂热，他们相当积极、相当主动，一逮到机会就参与。

通过参与的成员永远会支持他们参与的事物，这时候所汇聚出来的力量绝对是无法想象的。

（4）相互倾听

在好的团队里头，某位成员讲话时，其他成员都会真诚地倾听他所说的每一句话。

有位负责人说："我努力塑造成员们相互尊重、倾听其他伙伴表达意见的文化，在我的单位里，我拥有一群心胸开放的伙伴，他们都真心愿意知道其他伙伴的想法。他们展现出其他单位无法相提并论的倾听风度和技巧，真是令人兴奋不已！"

（5）死心塌地

支持是团队合作的温床。李克特曾花了好几年的时间深入研究参与组织，他发现参与式组织的一项特质：管理阶层信任员工，员工也相信管理者，信心和信任在组织上下到处可见。几乎所有的获胜团队，都全力研究如何培养上下同行间的信任感，并使组织保持旺盛的士气。他们表现出四种独特的行为特质：

①领导人常向他的伙伴灌输强烈的使命感及共有的价值观，并且不断强化同舟共济，相互扶持的观念。

②鼓励遵守承诺，信用第一。

③依赖伙伴，并把伙伴的培养与激励视为最优先的事。

④鼓励包容异己，学会获胜要靠大家协调、合作。

（6）畅所欲言

好的领导人，经常率先信赖自己的伙伴，并支持他们全力以赴，当然他还必须以身作则。在言行之间表示出信赖感，这样才能引发成员间相互信赖、真诚相待。

成功团队的领导人会提供给所有的成员双向沟通的舞台。每个人都可以自由自在、公开、诚实地表达自己的观点，不论这个观点看起来多么离谱。因为，他们知道许多伟大的观点，在第一次被提出时几乎都被冷嘲热讽。当然，每个人也可以无拘无束地表达个人的感受，不管是喜怒还是哀乐。

一个高成效的团队成员都能感谢彼此，都能够"做真正的自己"。

总之，群策群力，有赖大伙儿保持一种真诚的双向沟通，这样才能使组织表现力臻完美。

（7）团结互助

在好的团队里，我们经常看到下属们可以自由自在地与上司讨论工作上的问题，并请求："我目前有这种困难，你能帮我吗？"

再者，大家意见不一致，甚至立场对峙时，都愿意采取开放的心胸，心平气和地谋求解决方案，纵然结果不能令人满意，大家还是能自我调适，满足组织的需求。

当然，每位成员都会视需要自愿调整角色，执行不同的任务。

（8）互相认同

"我觉得受到别人的赞赏和支持"是高成效团队的主要特征之一，团队里的成员对于参与团队的活动感到兴奋不已，因为，每个人会在各种场合里不断听到这话：

"我认为你一定可以做到！"

"我要谢谢你！你做得很好！"

"你是我们的灵魂！不能没有你！"

"你是最好的！你是最棒的！"

这些赞美、认同的话提供了大家所需要的强心剂，提高了大家的自尊、自信，并驱使大家愿意携手同心。

上面列举了八种情况，在你所带领的团队有没有明显的迹象呢？请自己找个清静的场所，给自己十分钟的时间好好思考一番。这有助于你建立一支有效率的管理团队。

许多私营公司的经营者大声疾呼："我们愈来愈迫切需要更多、更有效的团队，来提高我们的士气。"身为组织领导人的你，你可得把建立坚强的团队这件事列为第一优先处理的任务，千万不要忽视或拖延下去了。

创造一支有效团队，对领导人可说是百益而无一害的，如果你努力做到的话，你将可以获得以下莫大无比的好处：

①"人多好办事"，团队整体动力可以达成个人无法独立完成的大事。

②可以使每位伙伴的技能发挥到极限。

③成员有参与感，会自发性地努力去做。

④促使团队成员的行为达到团队所要求的标准。

⑤提供追随者有更足够的发展、学习和尝试的空间。

⑥刺激个人更有创意，更好的表现。

⑦三个臭皮匠，胜过一个诸葛亮，能有效解决重大问题。

⑧让冲突所带来的损害降至最低。

⑨设定明确、可行、有共识的个人和团体目标。

⑩领导人与继承人纵使个性不同，也能互相合作和支持。

团队成员遇到困难、挫折时，会互相支持、协助。

请务必牢记在心：一支令人钦羡的团队，往往是一支常胜军，他们不断打胜仗，不断破纪录，不断改造历史，创造未来。而作为伟大团队的一分子，每个人都会骄傲地告诉周围的人说：

"我喜欢这个团队！我觉得自己活的意义非凡，我永远不会忘记那些人和心手相连，共创未来的经验。"

通过在团队里学习、成长，每位伙伴都会不知不觉重塑自我，重新认知每个人跟群体的关系，在工作和生活上得到真正的欢愉和满足，活出生命的意义。一个真正的团队能让你如虎添翼、临危不乱、所向披靡。

一定要加强整体意识

"私营公司管理者的脑中始终要有一种整体观念，从整体中找到力量的根源。否则注定要失败！"这是哈佛经营专家萨基的忠告。

团体意识就是私营公司职员对本私营公司的认可程度，把私营公司利益放在第一位的意识，在这种意识下，职员能够相互协调，配合行动，将个人利益服从于团体的利益。

有无团体意识决定着一个私营公司能否齐心协力，朝着既定目标前进。从现代很多成功私营公司的经验看，培养员工的团体意识乃是私营公司破敌致胜的法宝之一。

缺乏团体意识乃是造成集团组织工作无法顺利进行的最大原因。

一般的私营公司，上班的职员都是分组进行工作，如果有"我一个人休假，不至于影响私营公司的运作"的想法，则是大错特错的，这是忽视团体意识的一大表现。

因为整个私营公司像一个上满发条的机器，一个人的休假至少也要影响其运转的速度和效率。

不经意的请假，间接地就会减低当日上班者的薪水，因为他们必须替不上班的人处理许多工作，增加工作上的负担。

所以，经理和主管必须对私自缺勤者严加警告，否则就没人愿意上班了。

同时，团体意识也要靠经理和主管的大力提倡才能逐渐在职工的脑海里形成印象，进而形成指导思想。

涉及经理和主管个人利益时，经理和主管还要自觉舍弃一些个人利益，以在员工中树立加强团体意识的表率作用。

克服弱势，要走强强联合之路

联手就是组合能量

人人都知道，今天的私营公司组织要想取得成功，必须反应迅速、灵活，并不断改进。但这些私营公司组织的私营公司管理者渐渐发现，让员工致力于持续变革绝不是一件容易的事。

守旧是人的本性。人们经常顽固地执守今天的思维方式，即使这种思维方式不能把他们带到他们想要到达的明天时也是如此。

当一个私营公司组织中的所有人员共同考虑他们的未来时，如果都能承担责任的话，那该多好。如此一来，私营公司组织就可以从某种程度上聚集员工的创造力，将他们的创造力集中到远比日常业务更为重要的事情上了。

人的能量如同光能。普通灯泡所发出的光芒，只能用作一般照明。但是同样的一股能量如果像激光束那样对准同一个方向，就可以穿越任何障碍。这种聚光原理同样适用于私营公司组织的活动。一个私营公司组织中的员工愿意投入多少力量，私营公司组织能否引导他们朝着一个重要而明确的目标共同努力，都会直接关系到私营公司组织的成败。

明白了这个原理之后，接下来需要考虑的问题便是："如何汲取这样的能量来对自己的私营公司组织进行变革呢？"所能得到的答案就是："在决定如何在短期（现在）和长远（将来）这两方面改进员工的工作条件及其工作任务的实质时，请务必把员工当作伙伴对待。"

为了演示领导层和员工之间的这种伙伴关系，不妨设想一下自己置身这样的一幅场景之中，当时你在应聘一份新的工作，正在进行关键的最后面试。面试一开始，你未来的老板便开门见山地讲道："我们非常高兴你能加入我们的队伍。但是，在最后确定聘用你之前，我们还想就你工作的一个重要方面一起来谈一谈。"

然后，这位高级经理和主管微笑着对你说道："根据我们多年经验，多数人都没有把自己的创造力和智慧全部用到工作之中，如果我们能够汲取这一部分员工个人自由控制的能量，并把它集中用以改进私营公司组织现有的运作或者未来设计，将会受益无穷。

"所以，在此我们每个人都有两份工作，一份是'白天的工作'，即协助向顾客提供高品质的产品和服务。另一份是'变革工作'，为此你要从下面的两个团队中选择其中一个参加。

"第一个团队我们称之为'P团队'，P代表现在。P团的任务是改革我们现有的组织，以便我们能够更快地回应顾客。P团队的工作重点在于改进。

"第二个团队是'F团队'。F代表未来。F团队的任务是创造未来，描绘未来的顾客和市场，其重点在于创新。私营公司让两个团队同时运作。我们认为，只有靠两个团队的工作，我们才能实现成为世界一流私营公司组织的目标，我认为你可以为实现我们的这一目标出点力。"

因此，私营公司管理者的目标在于组合能量，成为联手专家。

私营公司的第一资本是什么

私营公司管理者的人力资本观念是：

传统的资本概念，亦即经济学中通常意义上的资本概念，是生产资料与货币的统称。随着现代工业的发展，资本的内涵不断得到拓展和延伸，商标、技术软件、信誉度等又被称为"无形资本"。这样，资本就有"有形资本"与"无形资本"两大类。根据社会分工所决定的社会作用，资本被分为金融资本、工业资本和商业资本等。资本的分类是相对的，又是在一定条件下互为转换的，从一定意义上讲，社会物质总量的增加正是资本转换增殖的结果。

在资本的转换与增值过程中，人的作用始终是第一位的，人是联系有形资本与无形资本的纽带，是工业资本、金融资本与商业资本相互化的动力。可以说，生产资料与货币如果仅仅只是表现为相对静止的物货形态，而不能以创造利润为目的的表现出转换与增值的运动过程，就不能体现资本的特征。体现资本运动特征的根本因素又是什么呢？是人的作用，是人类自身生存、延续和发展需求的消费与积累最终决定资本增值——不断扩大社会物质财富总量的目的。因此，我们说，就资本在社会实践中所发挥的作用而言，是人直接和最终决定资本的效能。从这个意义上讲，人本身就构成资本重要的组成部分，而且是最积极、最主动、最活跃的部分。所以说，富于创造性的人才，是私营公司和第一资本。

从私营公司实践这一微观考察人的重要性。在现代大工业生产的条件下，私营公司通常是为金融资本过渡到商业资本这一中间环节发挥的作用。就任何一个工业项目而言，从市场调研、立项到奖金筹措，再到产品生产和销售的全过程，人的作用都是决定性的。不论是其中的哪一个环节出现人的"质量"事故，私营公司发展都如同一条断裂了的链条难以为继。所以，我们始终认为，对私营公司而言，资金（属于资本范畴）往往不是主要矛盾，因为即使有了资金，没有高素质的人，资金也不能增值，甚至还会毁人、害人；相反，有了高素质的人，即使资金暂时紧张，也终究会找到解决问题的办法，用较少的资金赢得较高的效益——资金利税率，正是从这个意义上讲，人才是私营公司的第一资本。

强调"人才是私营公司第一资本"，把人开发作为私营公司发展的主题，在由计划经济向市场经济转轨的过渡阶段，具有特别重要的现实意义。因为在这个过渡阶段，健全的市场经济体制所需要的法制还不健全，经济秩序尚有待整顿，社会迫切需要一批政治素质好、业务能力强、能洞察经济发展动向的优秀私营公司人才，正确掌握和运用私营公司资本为人民大众造福，为社会发展承担历史责任。我们在私营公司实践中，大力宣传和弘扬"以生命为第一投入"的奉献精神，正是基于这一考虑。

提出"大人才观"，是为了强调私营公司的各级决策机构在人才问题上摆脱传统思维的束缚，要明确两种思路。其一，全方位地认识人才在私营公司发展中的作用，纠正"私营公司人才即是工程技术人才"的狭隘认识，改变用人方式，拓宽用人渠道。就私营公司发展实际而言，工程技术人才固然重要，但目前最缺乏的还是管理人才和营销人才，是能把私营公司搞活的厂长和销售经理和主管。从另一个侧面讲，我们有的私营公司一些素质很高的工程技术人员不能充分发挥作用，究其原因，还是管理者不善管理，是管理者的素质问题。此外，随着社会的进步，脑体劳动之间的差异逐步缩小，私营公司面临的局部情况愈来愈复杂，掌握各种边缘学科知识的复合型人才，也将成为私营公司发展不可或缺的主要因素。私营公司决策者对此应有充分地认识和心理准备。其二，以往我们过于强调人才引进，而忽视对人才的培养，在人才使用上避免"远香近臭"的错误做法。

用"大人才观"指导私营公司实践，必须重视人才作用在私营公司实践中的人格主体意义。人格主体意义就是人才的创造性劳动所体现的个性特征和社会价值，目前，广泛开展的"价值观"大讨论正在于使广大员工认识到，市场经济的法则是优胜劣汰。评论谁通过富有个性的创造性劳动创造了社会财富，谁就可以理直气壮地以按劳分配的方式获得高报酬。

这就是说，私营公司管理者必须让下属成为人格主体，才能做到尽其所能。

善理小事，才不会出现大问题

不讲方法是不行的

私营公司管理者更像是统领兵马、驰骋沙场的将军，兵家作战不能没有士卒，经济战争中私营公司管理者也不可能孤军奋战。那么，私营公司管理者应该怎样统领部下呢？

（1）敏于观察集团的气氛。

常常有这些情况：私营公司规定的上班时间是上午 8 点，可是在 8 点准时到的人只有一二成，全部到齐总是要到 8 点 20 分左右。还有一些私营公司，领导说："这个月的目标是十"，员工就会说："那个领导呀，嘴上说要做十，其实意思是做到七就行了。"在这种场所工作的人，对任何事物也就有了打折和习惯。

然而，对这种集团心理全然不知的私营公司家恐怕不在少数，造成这种不良工作场所惯例的原因主要有两个方面：一是部下对上司或私营公司有共同的不满；二是部下已对上司的作风产生了抗拒心理。这就要求私营公司家们从上司的角度来检讨，并且站在部下的立场来考虑问题，认真研究其形成原因并加以及时消除。由此可见，敏于观察集团的心态动向，这是私营公司家必备的基本能力之一。

（2）活用"2·6·2原理"。

心理学家做过一项调查，发现集团中有强烈工作意愿的人占全部员工的二成（A型）；没有工作意愿的也占二成（C型）；介乎两者之间的则占全部员工的六成（B型）。A型的特点是自律性强，以自动革新、追求进步的人居多；B型的特点是易于随波逐流，跟在别人后头；C型中则是不满分子和煽动分子居多。因而，如果私营公司中A型的人受到欢迎，占有优势，则B型员工就会附和A型，产生工作意愿；反之，若是C型的人在私营公司中占有优势，那么B型的就会附和C型，不愿意工作。

身为领导者的私营公司家，务必千方百计激励A型员工，使之成为单位里的明星，只要发挥了A型员工的示范效应，私营公司就会充满朝气和希望。

（3）树立有魅力的目标。

一般而言，上司的职责是：①激励部下的创意；②采用部下提出的好方案；③设法提高部门效率和各员工的能力；④提高士气。这个提法没有一点错，但是如果仅仅止于这个范围，那么上司充其量只是个"调整者"而已。私营公司家之所以为私营公司家，在于他有比部下更受瞩目的存在意义，即他具有更卓越、更被期待的能力和变不可能为可能的魄力。尤其是在这个变化迅猛的时代，私营公司家要能够树立充满魅力的目标，激励员工心怀壮志，克服困难，谋求私营公司的继续发展。

（4）卡耐基的说服术。

说服学大师卡耐基说："我喜欢草莓，鱼儿喜欢蚯蚓，所以我垂钓时用蚯蚓作诱饵而不用草莓。"这个比喻用在私营公司管理上虽不大恰当，但其道理却是深刻的。

私营公司家要带领部下达到既定目标，必须调动起全体员工的积极性，上下协同努力。这就要求私营公司家经常走进员工中间，了解他们的内心希求，从其最感兴趣的地方入手，往往会达到良好效果。正如卡耐基所言："带动别人唯一的办法是找出对方最喜欢什么，而后教对方如何得到它。"罗斯福总统深知抓住人心的捷径在于以对方最为关心的问题作为话题，因而，不管对方是牛仔、骑兵队员还是政治家、外交官，他都能侃侃而谈，赢得对方的敬重。

（5）掌握伸展能力。

有个人在一颗米粒上写下了一百首古诗，这听起来有些不可思议。他解释说："起初米粒是愈看愈小，别说是一首诗，连一个字也写得很勉强。后来每天坚持练习，那米粒也就越看越大，终于能写下一首诗了。数年以后，经过锲而不舍的努力，最终写上了一百首古诗。"人的毅力和潜能实在令人叹服。

作为私营公司家，若能细剖其理，使部下产生自信，他们的进步将是无可限量的，相应地，私营公司也必将是前途远大，生机勃勃。因而，私营公司家不仅要信任部下，委以重任，鼓励其积极，更应能容忍部下的失败，勉励他们从失败中奋起。这样部下才可以满怀信心，尽可能地开掘其潜能。

要敢处理问题

私营公司管理者不能害怕问题，而应在问题上充分施展本领，有条不紊地逐一解决。

你是一个私营公司经理和主管，当你想决策一个问题时，你真正面临的，事实上，常是一堆问题。一位缺乏决策能力的私营公司经理和主管，最显著的标志是，他常企图同时向他手上的"所有"问题一齐进攻。但是，这种"攻击面"常愈来愈大，直至最后，他想决策这些问题所需的调兵遣将能力必然已超过了他的思考负荷。失败，就成了他唯一的必往之路了。

　　私营公司所以要雇用或提升你作为私营公司经理和主管的主要原因，是私营公司的确有许多问题。私营公司所以需要一位私营公司经理和主管的唯一理由，也是因为它存在有许多棘手的问题。能否成功地处理一连串问题的能力，就是用以区别一位称职的私营公司经理和主管或一个有决策能力的私营公司经理和主管之唯一因素。

　　决策一连串问题，特别困难的原因之一是，这些问题并非不动地站在那儿等候你去解决。它们是一直在变动的——问题的主题、艰难性、持续时间或影响范围等，都是随时在变动的。

　　一位专业的私营公司经理和主管，必须学习去"记住"这句俗谚："眼光要看到整个树林"。这似乎很难，当然，这必然是很难的。要将任何事——包括总管一整个组织工作——做得好，你当然要付出相当的代价。当你在组织中的职责及地位升高时，对付出承诺的需求也随之升高。

　　因为时间是你最重要的资产，所以要珍惜它而聪明地善加利用。问题是必能解决的，如果你一次只看一个问题的话——因为如此之后，你可以对每个问题，分配一段适当的时间；在那段时间内，你可以集中你全部的精力投注在那个问题上，以求得最佳的解决方法。

　　卡斯特将军当初如果能够集中那些苏城兵，一次只攻占一个山头的话，他可能早就成为最著名的军事英雄了；而他要他们一次进攻好几个地方的结果，就是必然的败绩。英国之所以能够保住其制海权，乃因于纳尔逊勋爵（1758～1805）将"T字形排列"的技巧发挥到极致，因此当一艘敌舰进入射程时，他可以将"所有"的战舰对着同一靶点，以广泛、庞大而集中的火力，一次攻打一艘。将所有的问题，就像纳尔逊将军对付他所有的敌舰一样，将它们依其轻重缓急，排定先后顺序，然后集中你所有的力量，一次只对付一艘，你将永不被击沉。

巧策24

激勇励志，肯定能分出好与坏

激励要有分寸感

激励要有分寸，有节制，不要走向极端过了头，反而过犹不及，失去效果，况且，激励仅仅是领导使用下属的一种方法，而不是万灵药，更不会没有任何副作用。

从某种意义上说，激励是一种兴奋剂。既是兴奋剂，就必然带来一些副作用，就不能当糖吃。那么，在进行激励的时候，哪些是"服药须知"呢？

（1）激励不可任意开先例。

激励固然不可墨守成规，却应该权宜应变，以求制宜。然而，激励最怕任意树立先例，所谓善门难开，恐怕以后大家跟进，招致无以为继，那就悔不当初了。

经理和主管为了表示自己有魄力，未经深思熟虑，就慨然应允。话说出口，又碍于情面，认为不便失信于人，因此明知有些不对，也会将错就错，因而铸成更大的错误。

有魄力并非信口胡说，有魄力是指既然决定，就要坚持到底。所以决定之前，必须慎思明辨，才不会弄得自己下不了台。经理和主管喜欢任意开先例，部属就会制造一些情况，让经理和主管不知不觉落入圈套。兴奋中满口答应，事后悔恨不已。

任何人都不可以任意树立先例，这是按着制度化观念，确立守法精神的第一步。求新求变，应该遵守合法程序。

（2）激励不可一阵风。

许多人喜欢用运动的方式来激励。形成一阵风，吹过就算了。一番热闹光景，转瞬成空。不论什么礼貌运动、清洁运动、以厂为家运动、意见建议运动、品质改善运动，都是形式。而形式化的东西，对中国人来说，最没有效用。

中国人注重实质，唯有在平常状态中去激励，使大家养成习惯，才能蔚为风气而保持下去。

（3）激励不可趁机大张旗鼓。

好不容易拿出一些钱来激励，就弄得热热闹闹，让大家全都知道，花钱才有代价，这种大张旗鼓地心理，常常造成激励的效果。

（4）激励不可显得鬼鬼祟祟。

激励固然不可大张旗鼓，惹得不相关的人反感。激励也不可以偷偷摸摸，让第三者觉得鬼鬼祟祟，怀疑是否有见不得人的勾当。

经理和主管把部属请进去，关起门来密谈一小时，对这位部属大加激励。门外的其他部属，看在眼里，纳闷在心里。有什么大不了的事，需要如此神秘？因而流言四起，有何好处？

许多人在一起，经理和主管偏要用家乡话和某一部属对谈；或者和某一部属交头接耳，好像有天大的秘密似的。其他的人看他们如此偷偷摸摸，会不产生反感？

不公开可以，守秘密也可以，就是不必偷偷摸摸，令人起疑。暗中的激励，我们并不反对，但是神秘兮兮，只有反效果，不可不慎重避免。

（5）激励不可偏离私营公司目标。

凡是偏离私营公司目标的行为，不可给予激励，以免这种偏向力或离心力愈来愈大。经理和主管激励部属必须促使部属自我调适，把自己的心力朝向私营公司目标，做好应做的工作。

经理和主管若是激励偏离目标的行为，大家就会认定经理和主管喜欢为所欲为，因而用心揣摩经理和主管的心意，全力讨好，以期获致若干好处。一旦形成风气，便是小人得意的局面，对整体目标的达成，必定有所伤害。

目标是激励的共同标准，这样才有公正可言。所有激励都不偏离目标，至少证明经理和主管并无私心，不是由于个人的喜爱而给予激励，尽量做到人尽其才，偏离目标的行为，不但不予激励，反而应该促其改变，亦即努力导向私营公司目标，以期群策群力。

（6）激励不可忽略有效沟通。

激励必须通过适当沟通，才能互通心声，产生良好的感应。例如私营公司有意奖赏某甲的意见，便决定奖他一部电视机。不料一周前某甲刚好买了一部，虽然说好可以向指定厂商交换其他家电制品，也造成某甲许多不便。私营公司如果事先透过适当人员，征询某甲的看法，或许他正需要一台电动刮胡刀，那么私营公司顺着他的希望给予奖品，某甲必然更加振奋。

沟通时最好顾虑第三者的心情，不要无意触怒其他的人。例如对某乙表示太多关心，可能会引起某丙、某丁的不平。所以个别或集体沟通，要仔细选定方式，并且考虑适当的中介人，以免节外生枝，引出一些不必要的后遗症，减低了激励的效果。

上述有关激励的六大原则，身为私营公司管理者必须牢牢记住！

大胆激励员工的 20 种招法

要激励员工，就得了解是什么驱使和激发他们要做好工作，你既要了解他们的个人需要，也要为他们提供机会，并真正关心和尊重他们。

不管承认不承认，所有人的行为在内心里都是被这样一个问题驱使："这事到底对我有什么好处？"因此，要创造积极向上的工作环境，首先就应该聘用那些能自立自强的员工，因为这些员工很容易认识到努力工作会得到相应的回报，事业的成功将是人生最大的满足。

然而不幸的是，私营公司并非总能找到理想的员工，大多数经理和主管只能接受现有参差不齐的人员。那么关键在于如何想办法来激励和促使这些人的内心里日益渴望成功。当然在此之前，经理和主管必须弄清楚，他们想激励员工哪方面的行为，是降低成本？还是加快工程进度？或是提高顾客的满意度？

目标明确之后，经理和主管就可以为员工出色完成工作提供信息。这些信息包括私营公司的整体目标及任务，需要专门的部门完成的工作及员工个人必须着重解决的具体问题。坦诚交流不仅能使员工感到他们是参与经营决策的一分子，还能让他们明了经营策略。这些信息不仅要在项目或任务刚开始时提供，在整个工作过程中及项目即将结束之时，也应该源源不断提供给他们。

提供信息交流之后，经理和主管们必须有定期的反馈。正如《一分钟经理和主管》一书作者布兰加所强调的那样："反馈十分重要，简直是冠军的早餐。"

做实际工作的员工才是该项工作的专家。所以，经理和主管们必须听取员工意见，邀请他们参与制定与其工作相关的决策。

如果把这种坦诚交流和双向信息共享变成经营过程中不可或缺的一部分，激励的作用就更加明显了。因此，私营公司应当建立便于各方面交流的渠道。员工可以通过这些渠道提问题，诉说关心的事，或者获得问题的答复。私营公司鼓励员工畅所欲言的方法很多，如员工热线、意见箱、小组讨论、与总裁举办答疑会及"开放政策"等。

坦诚交流最重要的目的之一就是使经理和主管们从员工身上找到激励员工的动力。每个人内心的动机各不相同。因此，奖励出色工作的方法也应因人而异。

《激励超级表现》一书的作者格拉曼补充道："应当表现出对他人的尊重。如果有迹象表明员工喜欢某种对待方式或想做某类工作，你就应该根据情况做出反应"。经理和主管应当了解有哪些工作，即使是在空闲时员工也会去做。帮他们创造机会，让他们有更多机会做这些工作。如果某个业务员一有空就喜欢拜访潜在大客户，那么，就让他接手较大客户项目。这一挑战必会令他振奋不已。

三年前，威奇托州立大学的杰拉德院长做过一项调查，让 1500 名员工身处各种各样的工作环境，以求找出最有效的工作环境激励因素。研究表明，最有效的激励因素是：当员工出色完成工作时，经理和主管当面表示祝贺。这种祝贺要来得及时，也要说得具体。

这种祝贺代表赏识和认可，具有极高的价值，另一种表示赏识的方法，就是经常与手下员工保持联系。"跟你闲聊，我投入的是最宝贵的资产：时间。"格拉曼说："这样，便突出了咱们关系的重要性，表明我很关心你的工作。"经常联系，也会使员工一有重要问题就找经理和主管谈，向经理和主管寻求帮助。

如果不以亲自表示赏识的方法，经理和主管们应该写张便条，赞扬员工的良好表现。书面形式的祝贺能让员工看得见经理和主管的赏识，那份"美滋滋的感觉"也会持久一些。

单是一对一的表扬就相当鼓舞人心了，因此一点不奇怪，公开表彰会进一步加速激发员工渴求成功的欲望。经理和主管应该当众表扬员工工作出色。这就等于告诉他，他的业绩值得所有人关注和赞许。

如今，许多私营公司视团队协作为生命，因此，表彰时可别忘了团队成员，应当开会庆祝，鼓舞员工士气。庆祝会不必太隆重，只要及时让团队成员知道他们工作得相当出色就行了。

按部就班、毫无挑战性的工作最能消磨斗志。私营公司要想要员工有出色表现，必须给员工提供一份良好的工作。经理和主管们不仅要指导员工如何在工作中成长，还要给他们提供学习最新技能的机会。

接下来便是确保员工得到相应的工具，以便把工作做到最好。在投资于领先技术的私营公司工作，一般都令人士气高昂。如果拥有本行业最先进的工具，员工也会引以为荣。如果他们能自豪地夸耀自己的工作，这夸耀中就蕴藏着巨大的激励作用。

私营公司文化的影响不容忽视。私营公司政策及管理措施对激励员工有出人意料的支持和阻碍作用。

私营公司要是缺少积极向上的工作环境，不妨把以下七条原则融合起来，善加利用，以求改善。首先是了解员工的个人需要。"如今，我们面对的员工各有各的不同需求如单身母亲、双职工夫妇、残疾人等等。"格拉曼说。如果了解员工的需要并设法满足他们，就会大大调动员工的积极性，如在私营公司内安排小孩日托、采用弹性作息制度以及为残疾人安装特殊设备等等。

如今，虽然人们越来越多地谈到按工作表现管理员工，但真正做到以工作业绩为标准提拔员工仍可称为是一项变革。凭资历提拔员工的私营公司太多了，这种方法不但不能鼓励员工争创优绩，还会养成他们坐等观望的态度。

谈到工作业绩，私营公司应该制定一整套从内部提拔员工的标准。正如《成功的约定》

一书作者迪斯来所说："员工在事业上有很多想做并且能够做到的事。但私营公司到底给他们提供了多少机会实现这些目标呢？最终，员工会根据私营公司提供的这种机会来衡量私营公司对他们的投入。"

员工政策中还应当提供工作保障，强调私营公司愿意长期聘用员工。应向员工表明，工作保障问题最终取决于他们自己。但私营公司会尽力保证长期聘用。

许多人认为，工作既是谋生手段，也是与人交往的机会，私营公司如果洋溢着社区般的气氛，就说明私营公司已尽心竭力要建立一种人人想为之效力的组织结构。背后捅刀子、办公室的政治纷争以及士气低落等不良风气，即使让最有成功欲的人碰上，也会变得死气沉沉。

当今许多文学作品贬低金钱的意义。即便如此，还是不可忽略金钱的激励作用。只要运用得当，多数私营公司都能做到让薪金水平与竞争对手不相上下。然而，激励员工取得更好工作成效，使他们感觉到更高的工作满意度的环境，却不见得模仿得到。

格拉曼曾说道："从成本角度看，这并不划算。花了大量金钱改善员工的业绩，而这种改变通常又不会持久。"为什么呢？主要是由于金钱奖励计划的结构有问题。例如，年底平均分红就特别让人灰心。业绩好的员工看到业绩不好的人拿的钱跟他一样，就再也不想保持上佳表现了。

回过头来说，如果运用得当，金钱的激励作用非同寻常。要想使钱发挥最大作用，员工的薪水必须具有竞争性。即要依据员工的价值来确定报酬。当员工觉得自己的劳动报酬合情合理时，就不会只盯着支票了，私营公司也可因此而获益良多。

即便私营公司已经建立起竞争性薪金制度，也可以让员工参与分红，以取得更大收益。必须清楚地指出员工的哪些业绩对经营效果有重大影响，让员工明白工作目标。另外，为了使付出的钱真正起到激励作用，分红的数额一定要比较可观。

靠这些方法激励员工不能一蹴而就，必须长期努力，正如倡导正强化策略的专家丹尼尔斯所说："每天下班时，员工要么是兴致勃勃地回家，第二天又斗志昂扬地来上班；要么是由于上班碰上什么不顺心的事，弄得无精打采。工作表现就是每天发生的事情的反映。"

上述这些方法其实并没有什么创新。所谓激励员工，说白了就是尊重员工，也正是当今已近精疲力竭、麻木不仁的员工所最迫切需要的。

突破危机，才会出现一线转机

怎样对待情绪不定的下属

私营公司管理者忌讳有令不行、办事拖拉，而是要破坏那些不可忽视的程序，试图以点带面，取得良效。

当上了经理和主管，不免有"顺我者昌，逆我者亡"的想法，其实，这种想法不利于私营公司的发展。在一个私营公司中，有不少个性强、反差大的员工，他们在工作上、情绪上常常变化无常，对事物的看法总是偏激，不是一就是二；对工作要么全力以赴，要么根本就不管，对人对事从来没有中庸之言。这些员工常常自以为是，以己划线，同意他的看法就亲之如兄弟，不同意他的看法就视之如仇寇，故而常常顶撞经理和主管，以致错过许多升迁的机会，也就常发怀才不遇的牢骚。

面对个性强的员工，经理和主管应有管理的艺术性。

（1）个性强的员工具有两重性。因为个性分明，办事果断，攻击性强，他们或许会成为事业的成功者，使私营公司上下为之骄傲；因为看法片面，考虑欠周，行动鲁莽，或许会在事业上败北，使私营公司声誉受到极大的损害。

（2）管理个性强的员工要两手硬。一是用严厉的规章制度对强硬员工的行为进行硬约束。首先约法三章，其次违章必究，罚其当罚，责其当责。二是在他们工作情绪高涨的时候，要因势利导，保持其热情，让他们发挥更大的才干，为私营公司的发展锦上添花。在他们遇到困难、挫折而灰心丧气的时候，要有更大的耐心去做思想工作，一点一滴地去做，一步一步地去做，就像给泄了气的皮球打气，一下一下地，直至使他们的工作情绪重新高涨起来。

下面是某私营公司经理和主管对挨了自己狠狠一顿批评之后的员工的谈话。

经理和主管："小李，刚才我的态度过火了一点，你别往心里去，我这个人发过火就没事了的。我们都是为了私营公司的利益，我们同坐着私营公司这一条船，船翻了，对我们谁都没有好处，明白吗？今后好好干就是。"

小李："我明白我不对，但您的话也是太刺耳了一点，我受不了。"

经理和主管："受不了，是有点受不了，可是这件事谁也受不了哇，好啦，现在谁都受下了，忘不了，今后不希望发生类似的事了。"

应对不同下属的办法

私营公司经理和主管应该学会"管理硬件"，否则就会失控。

（1）自我评价有过高或过低两种。

近来有不少私营公司建立了员工自我评价制度，作为人事考核时的参考。

这是让职员针对自己的私营公司提案能力、业务执行能力、领导教育能力、个别专业能力等做具体性的评分，并借此制订今后努力的目标。

员工做过自我考核之后，再由经理和主管做二次考核，这时经理和主管可以发现一个有趣的现象，那就是大部分员工对自己的评分不是极端地高，就是极端地低。能做出由第三者来看也觉得恰如其分之自我考核的人，实在少之又少。

这时经理和主管往往会对自我评分较低的人抱有好感，或许是因为人们传统认为谦虚是一种美德的所致吧。至少，这样的人在经理和主管心里的评价会比那种宣称自己能力极佳的人高。

但这一点其实需要再深思，夸张一点地说，那种自己给分过低的人，其实是比自己给分过高的人还潜藏着更大的问题。

所谓自己给分过低是指什么样的情形呢？

①能力的确差人一等，而且本人亦有所自觉。

②认为比起自我评价过高，还不如评价过低比较不会让人说话。

③本有能力，但是因自我要求不太高，所以给自己偏低的评价。

属于①的人虽然能虚心地自觉能力不足，却常常缺乏向上进取之心。实际上，对自己的评价过度谦虚的人，通常都不够积极，和属于②的人同样都抱有多一事不如少一事的想法。

至于③则真的是品格高尚得有点不合现实的人，现实中也的确很少存在。

反之，自我评价过高的人则可分为以下几类：

④的确相当具有能力，本人也以此自豪。

⑤虽然没有那么好的能力，但本人自认能力不错而自负。

⑥因不服输之个性使然，进而给自己过高的评价。

（2）与"不可爱的家伙"相处的良方。

近来年轻人自我评价过低的比例有偏高的趋势，这也是挺令人烦恼的。现在的年轻人往往个性温驯无欲，不想勉强自己去试能力以上的事，而"令人烦恼"的，就是指这样的年轻人多半令人感觉有气没力、安于现状或令人扫兴。

比较起来，那种自尊心过强、凡事不服输的人，反而比较有向上进取的潜力，并能建立经理和主管与部属之间良好的沟通。

曾有过这两种类型的部属：那种自我评价甚高的部属，往往是个性高傲、自信十足之人；他们确实有不太听话的时候，可是如果好好尊重他们，并给予激励，和他们的沟通将会意想不到的良好。

如果一味地批评某人自我评价过高，那只会引发争端，若是能毫不吝啬说"我也给予你很高的评价"，这种自视甚高的人将会奋发向上，有不负众望的表现。

"如果你自认可以得 A，就再加强一些专业知识吧。"

"就你的能力来说，可能还得加把劲。"

就算是这种略带指责地说辞，只要不伤到他们自视甚高的自尊，他们还是会以积极的心态去接受，而他们给自己打的高分数，也就变成他们自己努力的目标了。

不能好好掌握这一点，经常和这类个性高傲的部属针锋相对的经理和主管还是相当的多。

大体而言，因为能力强的部属往往有其独树一帜的看法，在经理和主管的眼里，这种人是不可爱的。不可爱的家伙总是不会乖乖听从经理和主管的指示，当经理和主管因此而以自己的好恶对待他们时，他们必定会有所反驳，结果双方的对立情势便愈演愈烈，彼此看不顺眼。在工作场合中经常可见的水火不容现象，多半是源自这样的因素。

大部分私营公司中也有不少这般从早到晚互不相容的经理和主管与部属，而且以个人能力而言，都是相当优秀的。如果一开始就能以正确的态度和好相处，大家必定能心情更愉快，效率更好地工作才是，这实在令人惋惜。

经理和主管对于所谓不可爱的家伙，或是想法善加引领与自己立场不同的人，这也可说是经理和主管的职责之一。首先要做的就是得尊重他们的自尊。相信这么做之后，仍然对你责怪的人应该是不多的。

（3）温驯顺从的部属需要更加注意。

对于不可爱的部属容易意气用事地给予严厉的批评，而对于温驯顺从的部属则比较放任，这其实是人之常情。只要是不会反抗自己，不会威胁到自己的地位，并且能照自己所言行事的"安全部属"，无论是谁都会以和气的态度来对待。所以安全的部属就等于可爱的部属，也等于能够配合自己的部属。

可是对于这样的部属，为人经理和主管者反而要更具备危机意识才是，因为这些人通常自我评价不高，实际能力亦不佳，套句老话，他们就像是"不请假、不迟到、不工作"的人一样，都是一群不能说好也称不上不好的人。

私营公司组织必须先认知到这样的人其实才是私营公司里的大问题，如果这些人还只是初出茅庐、尚在实习中的二十多岁的人，倒还不至于带来什么严重的影响，但等到他们三四十岁变成支撑整个私营公司的中坚，就会出现严重的问题。

通常能够领导私营公司的精英人才，约占了全私营公司职员人数的两成不到，剩下的成员中，六成是属于那种优缺点正好相平的平凡人，最后的两成则变成私营公司的包袱。那种个性高傲，不愿服输的人，有不少可归于领导精英的两成之中，但是表现平平的人则几乎不见于这两成中。除此之外，有些人年轻时因为温驯顺从而深受经理和主管宠爱，到了某个年龄之后却处处暴露了的无能，因此而深自苦恼。

在泡沫经济的 1990 年，不少白领管理阶层受日本产业界的私营公司重整与流程改造所苦，这当中有不少是那种表现不好不坏的经理和主管，为了避免类似的悲剧再度发生，经理和主管必须更加注意观察那些自我评价态度保守，向来自律不招摇的人。

　　具体来说，可从下面几点来观察对待他们：

　　①除了个性认真、率直、诚实等优点外，是否具有其他特质？

　　②是否具备创业家的野心、冲劲？

　　③是否具备独立的专业能力？

　　其他诸如待人态度良好、脾气好、工作态度良好等优点当然是有比没有好，但是这样就感到安心的话，只会培育出一堆无法独当一面的人。身为21世纪的经理和主管人员必须具备这种危机意识才是。

巧策 26

协调关系，才能上下一致，左右配合

发挥"亲和力"的作用

"亲和力"是私营公司管理者凝聚人心的方法。

有人认为每一个办公室，就是一个小社会，人与人之间的关系，可以很复杂，也可以很单纯，这要看身为这个大家庭中一分子的你，如何表达自己，与自己喜欢或不喜欢的人融洽相处，达到真正的沟通。这就要求经理和主管会跟下属交朋友，只有会跟下属交朋友的经理和主管才是一名优秀的经理和主管。

一般人似乎都很容易把注意力集中于与上司相处的技巧上，对于那些职位比自己低微的同事，如信差、接待员等，则肆意责骂，把自己心中的闷气全然发泄在对方的身上，动辄表现出不耐烦的表情，发号施令，根本没有考虑到对方的感受，上述种种，你是否也曾有过？抑或你曾身受其害，很清楚被人随意指使，无理取闹的委屈？一个在办公室里旗开得胜，威风八面的人，他的心中不会存着等级观念，他懂得人人平等的道理，就算自己的职位比别人高，也不敢恣意妄为，须知风水轮流转，尊重别人，是自重的第一步。

无疑，你的下属有责任帮助你完成工作，事无大小，你都可以交给他处理，但如果你能将一些较烦琐而困难的工作，独自完成妥当，让下属有更充裕的时间做好其分内的事务，对方必然感激不尽，对你更忠心。上司与下属的，唯有以互助互谅为基础，合作无间，工作才会变得轻松而富有意义。

视下属如知己良朋，而不是自己奴仆，时而征询对方的意见，接受他的批评，力求消除彼此心中的隔阂，唯有如此，对方做起事来，必然格外卖力。

表现出色的你，刚刚获得升职，而且私营公司新聘了一个助手给你，不过，千万别以为助手是你的"马仔"，把他看作朋友，大家合作起来就更得心应手。

他既是初来乍到，对写字间的一切都陌生，那么你必须给他一定程度的帮助，例如处处指点他，使他早日适应环境，利用你的经验，解决他的疑难，或者在工作之余跟他多谈谈私营公司里的工作程序和其他小事，省得他四处碰壁。

不要忘记让他参与所有跟他有关的会议，让他多了解私营公司的业务和同事们的工作情况，也让他多发表意见，这样既建立其信心，你也可知悉其心思。

当他初次工作时，多提醒他，多给他时间去了解、消化不妨多解释几遍有关工作会遇到的问题。

不过别把私营公司的政策过分吐露，形成无形的压力。如果他在战战兢兢的情况下，又岂能做出满意的效果？

还有很重要的一点，就是别吝啬适当的鼓励。

许多女秘书宁可为男上司效劳，因为她们觉得女上司爱在鸡蛋里挑骨头，还有，大家都是女人，应该有同等的权利，所以无形中对女上司排挤。

假如你是一位女上司，面对这种秘书小姐，请花多点时间去思考。不要总以自己的标准去要求对方，即使你经常自愿超时工作，也不应强迫对方跟随你。对待她如工作的伙伴，在适当的时候赞赏她，间或请她吃午饭，以表示你欣赏她的工作态度和多谢她的合作。

切不要请她为你做私人事情，但一些秘书实务可不能忽视，如打字、簿记、入档案等。避免过分控制她的工作方式，只要她能如期替你做好一切，使你无后顾之忧，就够理想了。

此外，多注意对方的私事，例如病倒了，买了新衣服，换了化妆品等等，别忘记问候或赞赏她，这样，她只会觉得你不单单是个上司，还是个朋友。

一个经理和主管的责任之一，是令下属团结，发挥最高的效率。如果这点也办不到，休想让老板再委以重任，而要成功地做到这点，倒也得花些心思。

由于地位不同，下属对你会有不同看法，有人觉得你有架子，不宜接近，也有人会以异样的眼光看你，认为你必然与他们对立。姑且勿论如何，你一定要与他们打成一片，减少隔膜，例如参加他们的聚会，甚至由他们主动搞集会，显示你的随和。

另一方面，在办公室里，除了待下属和蔼、不摆架子、保持笑容外，你必须保持一定的形象，就是公正而有尊严，将不同的任务委派适合的人去负责，交下任务后最好不再过问，除非见到有大问题，否则还要留待接到成果后再"评判"，这样做，表示你是尊重下属的。

还有，"人往高处直"，我不会满于现状，同样地，下属亦希望有晋升机会，所谓水涨船高，别人的部门新来了一位同事，文静内向，默默工作，起初你以为由于初来乍到，所以她特别害羞，不会随便多说一句话。可是时间久了，此人同样是跟同事打声招呼就埋头工作，从不跟人聊天，又甚少笑容，冷淡得很，渐渐其他同事已不再注意她了。

作为经理和主管的你觉得总有点不对劲，但怎样才能扭转情况，令此人不再离群，愉快地工作呢？

主动就是唯一办法。

别让"地位悬殊"这一套占据着你的脑袋，心灵沟通压根儿是没有阶层界限的，偶尔跟他们一块儿吃午饭，听听他们的话题，多了解他们的性格、对私营公司的看法和对各高级职员的印象，由于他们每天均有机会接触所有同事，自然对他们的认识较全面，这些不正是经理和主管所需要的吗？

巧处人际关系 3 法

前面我们已经提到处理人际关系对私营公司管理者的重要性，在此我们再具体地谈谈这个问题的难点：

（1）巧处人际关系。

只要有三个人以上，就必定会有派系产生。字典上对"派系"的解释是"因相同利益或出吞所组成的团体"。其中有一人为首，其他的成员则绝对顺从。对于首要人物来说，忠心的成员就是"可爱的家伙"，吸收这种忠贞分子进入团体，对他而言当然是件好事。

可是如果在首脑的周围净是这种"可爱的家伙"，因欠缺彼此切磋激励的活力，所以没有自我革新的能力。组织中只求彼此相处和乐，结果组织的力量就会逐渐衰退，而能否避免这样的命运发生，全仰赖首要人物的态度。

如果你在工作上身为领导人物，而且希望自己所带领的组织具有自我革新的能力，就必须格外重视那些不可爱的家伙及很难管的部属。这样的部属总不肯乖乖听从经理和主管的意见，一天到晚跟经理和主管唱反调，但也正因如此，他们极有可能为组织带来新的风气。只要经理和主管多一些宽容和忍耐，他们的存在应可发挥下面几点正面效果：

①可发现新的观点。

②可刺激经理和主管的检讨。

③可敦促经理和主管反省以往的做法。

这三点除了应用在经理和主管与部属的相处，还可作为判断应否与自己讨厌的人来往的依据。每个人都会遇到因个性、信仰的差异，怎么也看不上眼而不愿与之相处的对象。可是冷静地想想，如果此人行使前述三点中之某一点，其实或许应当试着跟他接近看看。

"良药苦口"这句话也可以用来形容人际关系。如果只是和一鼓掌说好听话的人在一起，整日听着如糖似蜜的话语，一点都没有受益。对自己有益的话总是不中听，而且多少会让人不快。

即使部属提出反对意见中有八成是错的，但只要你觉得其余的两成还值得肯定，就应该好好给予嘉勉。你只需参考得到你肯定的那两成，错误的八成部分则不妨听听就算了。

（2）让对方发现问题并解决问题。

每个经理和主管都希望能有个优秀的部属，但是优秀的部属却往往个性高傲，固执己见。

"科长，现在想靠这种方法吸引顾客是不大可能的。"

"你先照我说的去做，以后再来抱怨。"

"等到失败一切就太晚了。"

"为失败负责的人是我，又不是你。"

"我拒绝白费力气在没有意义的事情上。请采用我的方法，这个方法我认为最好。"

因类似这样的状况而勃然大怒的经理和主管，相信应该不少吧。但在此我们得认清，谦虚客气，对经理和主管毕恭毕敬的人，很少具有出众而优秀的才华。

以前有一位经理和主管，他相当擅于与部属谈话。

"这阵子私营公司内讯息流通、意见交流的情况怎么样？是不是不大好？"

他这样问，让下属一时不知该如何回答，结果他看到下属一副有口难言的样子，又接着说："尽量批评没关系。私营公司很需要你们这些年轻人的新意见。"

听他这么说，下属马上松了口气说："真的吗？"

"其实就是我的看法而言……"于是下属稍微谈了一下心里平常累积下来的疙瘩。

"原来如此，这样啊。"这位经理和主管一边回答一边认真地问下属问题，有时候还会做笔记。

下属看见对方一边听说话，一边做笔记，感觉十分愉快。姑且不论他是否赞成下属的看法，至少这样的聆听方式令人觉得充满诚意。透过他这样高明的聆听技巧，下属甚至连一些对私营公司敏感的话题都不禁说了出来。

待下属畅所欲言之后，他以体谅的神情对下属说："我了解你的心情，今后也请你继续发掘问题，我会尽最大的努力去改善。"

其实这样的发问就是希望下属在提出问题的同时，也试着自己思考解决之道。此时下属说什么都得回答，就算是敷衍性的答案也只得说出来。如此出色的部属掌控法着实令下属感激不已。

（3）要重视聆听能力。

如果你工作场合中有那种不但领导能力强，而且人气极佳的人，试着分析原因看看。不论在哪个职场，有领导能力却没有人气的人并不难找，但是如果要二者兼具，便屈指可数了。

所谓具有领导能力，只要有正确的前瞻观点，命令指示明确，且部属忠实地完成目标便算合格了。但是如果想要获得人气，就得让看法各自相异的部属对你能认同，彼此建立共识，这就没有那么简单了。

其实在综合获得人气各种条件之后，我们可以发现其中有一个重点，那就是"聆听的能力"，而且还必须是诚恳地聆听和耐心地聆听。与说话的能力相比，聆听能力属于被动的性质，

或许也正因如此，拥有这样能力的人才会如此少。

我们有时候会发现那种老是坚持己见，并强迫大家照做的经理和主管，往往欠缺聆听的能力。这种人都十分擅于说话，说起话来不仅声音大，态度也很高傲，尤其擅长的就是以言语攻击他人。像这样的经理和主管常会过度地自以为是，官运好时倒也无所谓，一旦走下坡，周围的人就会一一挥手离去。平常没有养成关心聆听周围意见的习惯，想要抓住人心当然没那么容易。

从事顾问和辅导工作时最基本的方法就是要"仔细聆听"。姑且不论听过之后如何处理，"仔细聆听"才是人际关系的维系上最关键性的重点。在他仔细聆听之后，顾问人员才正确掌握对方提出的问题，而辅导人员也才能好好安慰病患，为病患加油打气。若说做好"仔细聆听"等于完成了一半的工作，其实一点也不夸张。

同时，职场中的经理和主管应该诚恳且耐心地聆听部属所言，如此才能建立彼此信赖关系。在听部属发言时，经理和主管可以一边在脑中决定什么话该说，什么话不必听，但一边还是要保持诚恳的态度，耐心地听部属把话说完。

人的地位愈高，愈容易忘记，对于地位较低者而言，仔细聆听他们说话有多么重要。事实上愈是缺乏聆听能力的人，愈是容易忽略它的重要性。

巧策 27

抓住个性，才能对症下药

做一个有个性的管理人

没有个性，就不能当好私营公司管理者；没有个性，下属的能力就会显得平平。

每个人都有自己的独特作风。可是依然存在着某些准则，在工作中遵守这些准则，对任何行政人员都有帮助。

下面试列举其中一些基本准则：

（1）要理解与人为善的艺术，善良是力量的特征。

（2）在任何时候都不要伤害工作人员的自尊心。

（3）要永远放弃两面派行为：对下级一副面孔，对上级又是另一副面孔。

（4）永远要以"您"称呼下级，别忘记说"请"字。

（5）别惧怕新事物。如果做什么事都用20年前的老办法，那么这个事实本身就说明，你在某种程度上是个保守分子。

（6）查处任何过失时，在采取某些措施之前要尽量耐心地听取犯错误人的解释。

（7）请记住，不善于听取意见是受挫折领导人的职业缺点。因此，你要学会听取意见，甚至不要用诸如"简短些"这样刺激性的话语打断话多的工作人员。

（8）请信任那些值得信任的人。如果一个人认真地完成受托的事情，不要用过多的提醒和指示使他难为情。请让他有机会安安静静地不受"干扰"地工作。

（9）对干得好的，不要舍不得致谢。那些认为"催促"可起推动作用，表扬会使人头脑发昏并导致自我安慰和骄傲自满的领导人是大错特错了。领导人的表扬过去是、现在仍然是刺激人们工作尽力和勤奋的最有效因素。

（10）如果由于差错必须申斥谁的话，请你单独地找他面谈。绝大多数人都很忌讳在同行面前"受到责备"。完全不允许在工作人员的下级在场的情况下"申斥"他。

（11）无论如何不要断然地把下级人员分成"坏的"和"好的"。请你遵循这样一条原则：每个人身上的优良品质比不良品质总是多得多。需要做的只是善于激励前者，抑制后者。

（12）要及时地向下级通报自己的设想和计划。这会在集体中建立共同努力、信任的气氛，有助于集体高高兴兴地去实现你的设想。

实践证明，把某些领导的权力授予下级人员的做法会改善集体的精神面貌，使人产生不辜负所受到的信任的欲望，有助于更充分地挖掘工作人员的潜力。

好的私营公司管理者应当多多地承担错误的责任，尽可能少地接受表扬。

解剖自我是一种进步

私营公司管理者要把自己摆在客观的位置，解剖自我是为了给自己准确的定位。

一个经理和主管人切忌过于夸耀自己，以便遭到别人的挑剔。全心投入自己的构想创意之时，有时候会对自己的提案过度自信，这是任何人都会有的经历。长年来对于这种自夸之词感到厌烦，而且愿听到大家对于内容空洞的提案展开激辩的资深者其实不少。除非是耐性十足的经理和主管，否则就算他们摆出一副洗耳恭听的姿态，实际上也是心不在焉；如果愈是拼命自我宣传，所得的反效果愈大，只不过是让对方更专心地去挑你的毛病而已。

一个会议是否能有一线生机，主要看出席者的发言内容及其态度决定。

为了批评而批评，以让他人的创意胎死腹中的人，我们称作他"创意杀手"，这种人的特长是专挑一些小毛病，然后大大强调这个小毛病是个多么致命性的缺点。

"先退一步然后成功说服"。下面谈一些方法：

对美国制订方法有所贡献的人物中，有一位名叫班哲明·富兰克林的政治家。在费城举办的一次会议上，他有一场精彩的演说，而其中所谈的内容到今天还值得参考。

由于美国是个多种族和多宗教的国家，所以会场上赞成与反对之间的争辩相当激烈，而其中亦不乏情绪激动者的人身攻击言论，整个会议眼看快要失控。身为赞成派的富兰克林准备上台演说时，反对派人士也不断对他喝倒彩。

可是当他一开口说话，原本混乱的会场突然一片鸦雀无声。

富兰克林的第一句话是："各位，对于这个办法，坦白说我自己也并非双手赞成。"

身为赞成派首脑之一的他竟然说出这种话，反对派人士也着实吃了一惊，马上停止了喝倒彩，进而仔细聆听演说。

他慢慢地一边观察适当的时机，一边说道："但是我也不能说自己是完全不赞成，我想大家应该都是和我一样，只是对于一些小地方有不同的看法吧。在此就让我们一起反省自己的想法是否真的完全没错，再共同签下这份草案的同意书吧。"

经他这么一说，反对派原本强硬的姿态顿时软化了下去，才促成了美国办法的成立。

在我们平常的会议上，当出席的人分成反对和赞成两派人马时，往往双方都无法倾听对方的意见。但是毕竟彼此都是成年人，即使在表面上装出一副认真在听的样子，其实根本满脑子都在想着反对意见。也就是说，所有的争辩从头到尾都是为了反对而反对。

此时，激动地辩说着："请听我说完，""我真正想说的是……"，想把对方压制住根本是白费力气。

另找机会说服是迈向成功的捷径，但是碰到无论如何都必须当场做结论时，宁可自己先退一步，让对方听进自己想说的话。富兰克林的说话技巧就是最好的例子。

坦白说出自己意见中的缺失或弱点，无疑是向对方暴露自己的破绽，如果处理失当，自身也有招致重大打击的危险。会议上双方争辩不休，彼此互不信任时，主动采用这种说话技巧有助于恢复一定程度的信赖感。

化解冲突，做到和气生财

有摩擦才能发展

管理者与被管理者在日常的工作中，偶尔也会出现为某件事发生摩擦，甚至争得面红耳赤的现象。一般地，事情过后，大多能够握手言和。美国笛卡儿财政私营公司经理和主管狄克逊，在管理方法上曾提出"有摩擦才有发展"的观点。一次，狄克逊无意中说了一句话，戳痛了双方，双方在理智失去控制的情况下，激烈争辩，把长期郁积在内心的话倾吐了出来。然而，这次争吵却使双方真正交换了思想，反倒觉得双方的距离缩短了。以后双方坦率相处，关系有了新的发展。

在人与人之间的关系中，在领导者与被领导者之间的关系中，时常出现"敬而远之"的现象，这种现象使彼此的思想无法进一步沟通，因为越是"敬而远之"，就越无法增加交换意见的机会和可能，这样，偏见和误解就会逐步加深。倘若能在合适的时机，通过一两次摩擦和冲突，倒可能使多年的问题得到解决。作为领导者应该敢于面对冲突，而不能一味迁就，通过冲突进一步改善人际关系，使全体员工襟怀坦白、精诚合作。领导者如果没有面对冲突的勇气，没有解决冲突的能力，就难以改变恶化的人际关系，从而也就难以领导部门的工作。

正确对待组织内部的人与人、人与组织的关系，是私营公司内部公共关系的重点之一。因此，每个领导者都应从全局着想，认真对待这个问题，要善于处理面对面的冲突。

碰到难题，学会协调

私营经理和主管应该明白，统御部下并非只是让部下单方面的工作而已，优良的管理是经理和主管与部下共同协调行动的结果。

如果部下太在意上司，只看上司的脸色变化，若龙颜大怒，便战战兢兢；见上司满面春风，就想尽一切办法讨好上司，这样的部下怎么能安心工作？

无论上司在与不在，都可以顺利地开展工作，这种情况最为正常，这也是经理和主管所追求的办公的最佳状态。

经理和主管要端正意识，你所要追求的便是私营公司的发展，工作效率的提高，而不是一定要让众部下围着你团团转，以获得虚荣心的最大满足感。

比如说，人和马一起过河，聪明的人一般是下马来，与马一起游过去，抓住马鬃，加以诱导和激励，使其自主地游泳，马就可以将人继续向前拉。而外行人则一定要骑着马过河，那么马是无论如何也不能把他带过湍急的河流的。

这就好比经理和主管与部下之间的关系，经理和主管若是在部下头上作威作福，那么真正出色的部下是绝不会继续为你效力的，只有经理和主管和属下合为一体，互相协助，互相勉励，才能共同把私营公司的事业推向前进。

因此，在处理与属下关系时，经理和主管要尽力做到：

（1）工作勤奋、生活充实。

表率的作用是巨大的。若你自己勤奋努力，那么属下自会受到影响而努力工作，心理也就更加平衡，因为经理和主管也在同他们一样地工作，而不是那种纯剥削的一个看，一个做。

另外，经理和主管生活充实，不显出一副懒散、游手好闲的样子，同样也会激励属下与你共同奋斗。

（2）互相勉励、共同进步。

经常勉励部下，是增进上下关系的一种有效手段。同时，身为经理和主管，也不要拒绝部下善意的勉励，共同进步才是私营公司发展的动力。

协调的职能在于使一个组织中的所有单位的活动同步化与和谐化，以便达到共同的最终成果。协调影响到人们在一起工作的每一个私营公司中的所有人、群体、组织单位和全部活动。缺乏协调就会在时间、劳力和金钱上造成巨大的浪费。

对协调的最有效的影响来自一个组织中主要负责人的个人自觉、洞察力和领导能力。没有什么东西可以代替主要负责人自上而下的个人影响力，以及组织中横向的和自下而上的影响力。

良好的协调开始于健全的观点、态度和计划。良好的协调还要求有能干的人员，相互信任，全体管理人员和整个职工队伍的各种活动的持续、一贯的结合、良好的团结精神和高昂的士气。但是，如果职工对领导方式感到不满足，就不会有良好的团结精神和高昂的士气。组织机构对协调有着重大的影响，因为组织机构决定着支配所有命令路线、信息传递渠道和关系模式的框架，而私营公司的协调一致的综合成果正是由这些结合而成的。

巧策 29

自我加压，才能常胜不败

突破压力的 5 种方法

突破压力是私营公司经理和主管的素质表现。每个人都得面对压力，适度的压力会调动我们自身的能力，使我们更好地完成工作。但压力过大，却会给精神以及身体上都带来负面影响，如溃疡病、精神萎靡不振、失眠等等。处理压力和自身的能力有关，还和自己的心理承受能力有关。这些都不是与生俱来的，都可以通过学习和练习获得。

面对压力时，按照下面的步骤试一下，肯定对你有帮助：

（1）确定自己的预期目标。

之所以产生压力，是因为担心自己不能达到预期目标。因此，有必要先明确预期的目标，越具体越好。分析哪些目标自己已经达到了，哪些还没有达到。然后再进一步分析，哪些目标达成比较容易，哪些较难完成。较难完成的目标，就是压力所在。

（2）确定完成预期目标所需的条件。

要完成有难度的目标，首先要在身体上、心理上、情绪上做好准备，应付可能出现的各种问题。调动自己的情绪，使自己保持乐观必胜的信心；注意锻炼，以免在关键时刻掉链子；心理上做好应付困难的准备，这样就具备了完成目标的各种能力。

（3）制定完成目标的具体步骤，把压力化整为零。

路得一步一步走，准备、实施都得逐步完成。制定具体的实施过程，可以使自己有的放矢，少走很多弯路，少做很多无用功，而且对可能出现的情况也都有比较准确的估计，成功的把握比较大。每一步都成功了，最后的目标自然完成了，因此，每一步都相当于是最终目标，都得认真对待。把每一步当作暂时的目标，努力的方向比较近，成功的把握大，压力自然就小了。这样做，相当于把一个大的目标化为许多小的目标，化整为零，压力也化整为零了。

（4）寻找支持和帮助。

做任何事情，都不要试图孤军奋战，独自完成，要尽可能利用外援。到外界寻求支持和帮助，且对完成目标起到很大的作用。有时我们需要的只是外界的支持，不需要他们具体的行动。和人谈一谈我们的压力，得到精神上的放松，也是一种帮助。

（5）学会放松。

压力时时存在，但有时，我们必须忽视它，暂时忘记它的存在，让自己放松一下，暂时的放松是对身体、精神和心理的充电，是为了更好地工作。就像在高原上，吸一下氧气，再向更高的高度出发一样。

压力只会压倒弱者，在压力面前，只有强者才能生存。现在的社会，只有面对压力，只有成为强者才能有出路。每个人有不同的工作、有各自不同的经历和性格，但我们都面对压力，虽然面对的压力不同，对压力的感受不同，但上述的几个原则，却是对各种情况都适用的，希望你利用这些原则，成功地让自己攻克一个个的难关。

在压力下考验人才

私营公司经理和主管不患无才，但有时目前在位的人或许不如想象的出色。这时，经理和主管就应多给部下一些机会，让他们历经磨炼才能成才，常言道"棍棒下出孝子"，同样，压力下也出人才。

一家外贸私营公司目前正受到美国开放市场的压力，急需大批谈判人才上阵，无奈朝中无大将，仅有的几个公关部人员都已出差，在这种情况下，经理和主管大胆起用推销及秘书部的人员把他们推向谈判桌。这样一回生，两回熟，不久，这班人马就如鱼得水，应付自如，有些甚至超过公关部成员，使美国人自愧不如，而私营公司的利益也得以保全。

可见，做经理和主管一定要有创见，有胆有识，不要拘泥于条条框框，销售科的人一样也可以担当谈判大任，秘书部的人也未必只会倒茶打字。人的潜力是巨大的，惊人的，只要你敢于去挖掘，那么其效力也会大得惊人。

科学家验证一般人的一生只能用掉 10% 的脑细胞，但一般人都可至少开发到 20%，只是人们不能使用，没有压力，自然不会投放更多精力。

因此，作为经理和主管，如何动用你掌握的权力，对你的下属适当施加压力，使其充分发挥潜能，塑造出色的人才，是成功必修的科目。

（1）创造机会，磨炼人才。

私营公司中的下属一般各司其职，但有时未必是各尽其用，若小王是块做部门经理和主管的料，而你只任命他为秘书，势必会影响他积极性和能力的发挥。因此，经理和主管要多创造一些机会，让下属都可以有机会一试，从中择优，这样才会达到人才利用效率的最大化。

（2）施加压力，逼出人才。

有些下属精力充沛，没有压力，就会满足现状，不思进取，成绩平平，时间一长，必会惰性大发，懒散成性，影响整个私营公司的效率和干劲。对这样的部下，一定要施加压力，用掉他的过剩精力，一来可以提高私营公司效率，二来可以满足部下个人的成就感，一石二鸟。因此切记：逼出人才。

（3）注意适度施压。

人不是机器，再能干的人也有一定的生理和心理承受力，若一味施压，不求适度，那么必会过犹不及，既不能达到提高效率的目的，又要落"暴君"的恶名，不但搞臭了自己的名声，又压垮了一员大将，多么得不偿失呀！

俗话说，蜀中无大将，廖化当先锋。因此，要做一名成功的经理和主管，一定要记住适度施压，这是培养人才、建立大业的一大法宝。

挤压时间，防止浪费任何机遇

挤时间的 12 种方法

私营公司管理者怎样可以从投入的时间和精力中得到最大的报酬呢？

你不妨试一试下面的办法。

（1）确定每天的目标，养成把每天要做的工作排列出来的习惯。奏效是指把一项工作做合适，效率是指把一项最关键的工作做好。

把明天要做的最重要的比如 6 件事，按其重要性大小编成号码。

明天上午头一件事是考虑第一项，做起来，直至完毕。

再做第二项，如此下去，如果没有全做完，不要于心不安，因为照此办法完不了，那么用其他办法也是做不了的。

（2）最充分地利用你最显效率的时间。

如果你把最重要的任务安排在一天里你干事最有效率的时间去做，你就能花较少的力气，做完较多的工作。

何时做事最有效率？各人情况不同，需要自己摸索。

（3）集中精力，全力以赴地去完成最重要的任务。重要的不是做一件事花多少时间，而是有多少不受干扰的时间。

全力猛攻，任何困难都可迎刃而解；零打碎敲，往往解决不了问题。

一次只能考虑一件事，一次只能做一件事。

（4）不要做完人。不要求把什么事都做得完美无缺，如写信中有几个错字，改一下即可，不必重誊。

（5）利用已派上用处的时间。如看病、理发的等候时间，用来订计划、写信，甚至考虑写提纲。

（6）区别紧迫性和重要性。紧急的事不一定重要，重要的不一定紧急。

不幸的是，我们许多人把一生花费在较紧急的事上，而忽视了不那么紧急但比较重要的事情。

当你面前摆着一堆问题时，应问问自己，哪一些真正重要，把它们作为最优先处理的问题。

如果你让紧急的事情左右自己，你的生活中就会充满危机。

（7）各种东西要有条理。如笔记要分类，以便查找，乱放东西，找东西就要占很多时间。

（8）学会说不行。事半功倍之道取决于懂得有所不为，要砍掉一切不必要的义务和约会。

（9）尽量利用简便工具。如电话通信息，只需几分钟，而通信却要好几天。

（10）分配家务。做父母的如果不把一些家务分配给孩子做，那是既害孩子又害自己。

（11）适当的休息。一种工作做久了可以改换另一种，变换一下身体姿势，从事一些体育活动以便消除疲劳，换得新的精力。

（12）摆脱消极情绪。在所有影响完成更多工作的消极情绪中，内疚最无益。遗憾、懊悔和心情不佳改变不了过去，又使当前的事情难以做成。

节约时间的 5 种技巧

关于私营公司管理者的效率提高，专家的意见是：

（1）第克泰特法。

操纵世界经济的犹太人把上班后的一小时，定为"第克泰时间"。在这段时间里，须将昨天下班到今天上班之间接到的函件回信，用打字机打好发出。现在是"第克泰特时间"这句话，在犹太人之间的言外之意是"谢绝会客"。犹太人所以注重"第克泰特时间"，是因为他们以"马上解决"作为座右铭。在能力卓越的犹太人办公桌上，看不见"未决文件"。我们的管理者不妨借鉴一下犹太人对待时间的这种做法。

（2）会议节时法。

为节省会议时间，应采取得力措施和有效办法：①会前做好准备，不开无意义、无目的、议题不明确的"糊涂会"；②联系实际解决问题，不开传统式的"本本会"；③权衡缓急抓住重点，不开"扯皮会"；④发挥民主，集思广益，不开家长式的"包办会"；⑤讲究实效，不开一"报告"、二"补充"、三"强调"、四"表态"、五"总结"式的"八股会"；⑥不开七时开会、八时到、九时报告的"迟到会"；⑦不开与议题无关人员的"陪坐会"；⑧不开名为开会，实为游山玩水的"旅游会"。总之要做到，可开可不开的会不开，能开短会的不开长会，能开小会的不开大会，能合并开的不单独开，能站着开的不坐着开。

（3）授权借时法。

授权借时，是指领导者根据能量原理，授予下属一定的权力，委托其在一定权限内，自主地处理工作，主动完成任务，从而把自己从事务中解脱出来，集中精力考虑更重大的事情，解决更紧要的问题。在授权时，要贯彻以下几项原则：一是视能授权原则。切不可授权给无能者和只知盲从的"老实人"。二是用人不疑原则。领导者应做到用人不疑，疑人不用。三是例行规范原则。领导工作可分为例行性、规范性的原则工作和例外、非规范性工作，授权处理的主要是面广量大的前者。四是逐级授权原则。越级授权，必然会打乱正常的工作秩序，不仅不能节约时间，而且还要为此产生空耗时间。

（4）时间隔离法。

这种方法不妨从下面两位人物的做法中得到启发。效率专家杜拉克在《有效的管理者》一书中，曾提到一家银行负责人在每天的工作时间内，保持 90 分钟的隔离时间。他说："我严令我的秘书，除美国总统和我的内人之外，无论什么大事，不要把任何电话接给我。……虽然这样或许有些冒险，需要勇气，说不定真有天大的等不及的事情。"但这种方法却大大提高了他的时间利用率。爱因斯坦也深知时间三法。他在 1906 年完成了《狭义相对论》以后，经过 10 年的酝酿准备，在 1916 年的某天，告诉家人任何事情都不要干扰他。一连 16 天没有出门。当他走出门时，手里拿着几张写满了数学公式的稿纸，那就是改变了人类整个世界观念的"广义相对论"。

（5）限制电话法。

电话虽然在管理工作中越来越显示它的重要作用，但它又是浪费管理者时间的一种通信工具，因为电话能中断手里的工作和问题的思路。用一个小时集中精力去办事，要比花两个小时而被打断 10 分钟、20 分钟的效率还要高。那么防止电话干扰有哪些办法呢？一是分析一下打给你的电话，确定采取什么办法减少根本没有必要的电话；二是使用适当的回话办法；三是先用诚恳的语气接听电话，避免闲谈；四是让人知道什么时间可以打电话打你。

只有掌握效率的私营公司管理者，才是合格的管理者，否则，就会浪费最宝贵的财富——时间。

巧策 31

善于助人，把别人的事当成自己的事

搞特权，没人服你

私营公司经理和主管随时都能把权力装在自己的口袋里，而搞点特殊的东西。但这绝不是理智的行为，因为特殊越多，获利就会越多，大家分享得越少。暂时的特殊会变成切肤之痛，岂能如此。因此，私营公司经理和主管应当拒绝特殊，把权力放在自己清醒的大脑里。

有权在身的经理和主管，认为有权就有一切，目中无人，为所欲为，把私营公司当作了自己的家。胡花乱凿不说，利用手中的特权，恨不得把公益款花得一干二净，对于此种情况，我们一定要严肃对待。

要真正做到公私分明，大事要坚持，小事也不能糊涂！否则，小事糊涂和大事糊涂在本质上并没有什么区别。

凡事只顾自己的新职员，常常会想："领导是否已揩到油水？"或者是"他们占尽便宜，我大概只有吃亏的份吧！"有志做经理和主管的人，应该连一个信封也要公私分明。

新职工对上司们所拥有的交际费，常常会产生怀疑。因此，拿交际费去和客户应酬也应该有个限度，否则便会招致后进人员的怀疑了。

在过去，利用交际费使交涉有利的做法，向来很通行。但是在今后，不用金钱而用诚意和努力以赢得对方的信任，将成为更好的做法。因此，如果一个人很能干，而交际费却大把大把地花，就不适合做经理和主管了。

特别是在这不满与怀疑充斥的社会里，做一个经理和主管，只要有一点不能公开向大家交代的地方，就无法获得后进人员和下属的心。

年轻人对领导非常敏感，一旦发觉领导有不廉洁的事，嘴里虽然不说，却会牢记在心中。以后即使领导跟他说一大堆大道理，他也只会在心里反驳或冷笑。总而言之，滥用交际费，或者在交易的对象身上花许多钱以达到目的的时代，已经过去了，而且对这种做法怀有反感的年轻人也越来越多。如果想要获得后进人员的信任，就必须避免太过大方地使用交际费进行公事上的应酬。

不管是为了工作或者是为了私营公司的客户，只要一到饭店或酒吧等地方出入，后进人员怀疑的眼光便会集中在他们身上，他们固然也会认为这种上司很能干，但还是觉得不能太信任他们。所以这种人虽然很擅长与外面的人交涉，但是却不能做个好经理和主管。

有一阵子经济不景气，使一些小私营公司都破产了。但有一家引起他们的同行业的注目，他们一向都能严守公私分明，上至董事长，下至普通职员，每一个人都力行这种原则，这个私营公司便绝不会破产，因为它们的劳务管理非常优良。

也就是说，如果从私营公司的最上层到最基层都能有这种"不浑水摸鱼"的观念，上下一心，同甘共苦，那么连一个普通员工，也不会有无理要求的。

如果普通员工都认为："在我们私营公司里，上至董事长，下至员工，不论哪一位都公私分明"，或者"我们经理和主管没有不可告人的账目"，那么这个私营公司在不景气时，劳资双方便能结成一体。即使职员被削减薪水或奖金，也会因为相信私营公司的处境，而不会怀疑有什么"隐私"，反而更会产生"哎呀！这阵子营业情况不好，大家都必须加油才行"的想法。

有的上司会让人家怀疑：他是不是收取回扣，他是否谎报交际费？虽然没有证据，但是行动可疑，一旦被人蒙上这一层阴影，大家便会对他的好感大打折扣。

此外，用公费去交际、喝酒，也是造成表里不一的原因。而用公家电话闲聊私事，或者写私人信件贴上公家的邮票等等，这些小事都能慢慢使人对你的好印象变坏。

在以后的私营公司业务处理中，自己想占便宜的作风，是绝对行不通的。现在大家已经有所认识，必须以合理的方式来利己，绝对不容别人讨便宜，私营公司里的同事、领导的眼睛都虎视眈眈地注意看着。聪明的人是绝不会揩私营公司的油，占私营公司便宜的。因此，你一定要让领导、同事和后进人员都知道你是绝不贪私的人。

也许有人会说："水至清则无鱼。"人太清廉自守，周围的人便不会来亲近你。但是在现代，由于"占便宜"的人很多，而"不占便宜便是吃亏"的想法也蔓延很广，因此能坚持清廉的人，才更能赢得大家的信任。

所以，"水清无鱼"又何妨？在这个时代，能与众不同地散发出廉洁的芬芳，才是重要的，也只有这样才能赢得后进人员的信任。

在现代的社会，用来获得别人信赖的，究竟是什么呢？是手腕吗？经历吗？请大家喝一杯吗？这对价值观多元化的后进人员而言，是很难弄清楚的。但是如果你能保持清廉，便会带给你意想不到的力量，而成为后进人员对你心服的原动力。

所以你用的手腕和力量都必须清廉、强固，才会成功。如果不干净的话，一切都等于零。而你的经历中如果稍有贪私的地方，便会使人觉得一无是处。

私营公司管理者不可因小失大，把私营公司作为自己满足私欲的魔方。

巧策 32

懂得分享，不把功劳往自己身上拽

与下属分享成功

一个喜欢抢夺下属功劳的私营公司经理和主管是不可能成功的，他得到了近利，却忽视了远利。

反之，一个不夺下属功劳的经理和主管，才有可能成功。

对于经理和主管，不滥夺下属功劳，似乎很难办得到。"他的工作有成果，不是我从旁协助的吗？""这项工作由计划到指派，都是我的主意。"经理和主管们都认为下属的表现良好，全是自己的功劳。

下属的表现突出，上司有一定的功劳，应属无可厚非的事。但是经常将好的成绩据为己有，差劲的，就由下属自己去承担，这是最不得人心的上司。

要令下属甘心辛劳地工作，就要懂得将功劳归于他们，否则实难令人专心投入于工作。下属的心里想："我做得多么好，也只是你的功劳，让你在高层会议中出风头，我的待遇则不变，犯不着呀！"已有了这种心态，做事就得过且过，所谓"不求有功，但求无过"，就是在没有功可拿的情况下出现的。

有时候，虽然下属的成绩并不见得突出，但却了解到他们实在尽了力，也应嘉奖他们。例如在上级面前说好话，甚至适当时间让一些下属参与较高层的会议。

单靠业绩来评下属的优劣，犹如管中窥豹，不够全面。经理和主管应从不同的角度，用长远的目光来看下属的表现。无论他们所完成的事，属于重要抑或次要，也应给与一定的称赞，例如"我没选错人"、"你又一次成功了"、"是你的功劳"等等，下属才会有成就感和继续努力工作的意欲。

不夺功才能成功，好比用远利换近利，作为经理和主管，何乐而不为？

一个高明的经理和主管，不但会与下属一起分享功劳，有时还会故意把本属于自己的那份功劳推开让给下属。

试问：从此以后，还有哪个下属不肯全心全意替他卖命？

这绝对是最高级的用人术。

当你将功劳让给部属时，切勿要求下属报恩，或者摆出威风凛凛的态度。因为部属可能会因此而闹别扭、发脾气，甚至感到自尊心受损，进而采取反抗的行动。如此一来，反而得不偿失。

你应该心甘情愿地把功劳让给下属，并且对其表达感谢之意。

如果你能持有这种心态，相信你所得到的喜悦将是不可限量的。而在如此充满和谐气氛的私营公司里，上司与部属也绝不会发生摩擦。

即使仅有一次类似经验的部属，也必定会将此恩惠牢记在心。在私营公司出问题时即可发挥作用，而在平时，部属也会体谅上司。

私营公司管理者的目标：与下属同享名利——这是集体智能的收获！

不可抹杀下属的努力

作为企业领导或老板，如果做出抢夺下属功劳的行为，绝对是令人无法容忍的，因为这等于抹杀了下属为此做出的全部努力，让他们付出的时间、精力和心血白流！

　　一些精明干练的主管，他们共同的缺点，就是喜欢打头阵、作指挥。他们不易相信部属的能力，已派给部属任务，自己却更加倍地在做着。因此，他们对部属的要求相当严厉，丝毫不具同情心，有时部属要休假，就会表现出极端的不悦。当然，他对工作是相当卖力，而且负起全责，因此，每一个细微的部分，他都要插上一手，在上司面前，也从不错过任何表现机会。像这种情形，难免会产生一个结果，那就是将部属的功劳占为己有。

　　某公司的物流组长甲，就是这样的一个人。这人很民主，常会听取部属的意见："这看法不错，你将它写下来，这星期内提出来给我。"部属们听了这话会很高兴，踊跃地做各种企划，大家争着提供意见，当然，其中的大部分，也都为组长所采用了。然而，每一次发表考绩，这一切却都归功于组长一人。一年后，甲就完全为部属所叛离了。

　　甲感到很迷惑，不了解部属叛离的原因，心想："是他们的构想枯竭了吗？那么再换些新人进来吧！"于是和其他部门交涉，调换了几个新人。

　　一进来，甲就向他们做了一个要求："我们物流组，传统上是要发挥分工合作的精神，希望大家能够同心协力，提高物流组的业绩。"然而，并无人加以理会，他们心想："物流组的功绩，最后都总归于你一个人，你老是抢别人的功劳，一个人讨好上司。"

　　像这样，将自己部门内的工作，完全归功于自己，是作为一个主管很容易犯的毛病。任何工作，绝不可能始终靠一个人去完成，即使是一些微不足道的协助，也要表现由衷的感激，绝不可抹杀部属的努力。做一个主管，这是绝对要牢记的。

　　抹杀下属的努力，就好比在下属本已伤痕累累的身上再割上一刀，作为领导你如何忍心？因此，抹杀下属的成绩，是一种贪婪行为。应当切忌这种行为滋生！

一个高明的领导，不但会与下属一起分享功劳，有时还会故意把本属于自己的那份功劳推开让给下属。身为上司有必要将自己的功劳让与部属。或许你会认为这样损失太大而不愿意。但若本身实力雄厚，足以建功立业，即使想吃亏也是不可能的。

某一民族视富有者施惠予贫穷者乃天经地义之事。不仅如此，据说施惠的富有者还必须感谢受惠的贫困者："因为你才使我有机会做善事。""我之所以能够'施惠'是托您的福。谢谢！"

在宗教上，他们深信此"施惠"的行为可以得到神的庇佑，因此，施惠者必须对给予自己机会的人——贫困者，抱持感谢之心。

施惠者有时亦会被对方要求道谢："因为我，你才能获得幸运，所以你必须谢谢我。"此民族的想法不太容易被我们接受，不过，仔细思考之后，你会发现这并非毫无道理。虽然在层次上有些微的差异，但是上司和部属之间不也存在着类似的关系吗？

把功劳让给下属不过是小恩小惠，但就是这点滴水之恩，却可以令下属以涌泉相报。孰得孰失，人人自明。与此同时，有必要领导也可以把过错一个人揽下来。

拢住人心，首先要能说服人心

说服对方的 3 项原则

私营公司管理者应掌握以下说服对方的原则：

（1）要找到被说服者的需要和动机。

因为人的任何行为都是有一定动机的，而动机又是由需要决定的，所以要做好说服工作，就先要找到对方的需要和动机。这有两个行为科学的理论可以为我们引路。一是马斯洛的需要层次理论。他把人的需要分成五个层次，最基本的层次是生理需要，然后是安全需要，再往高依次是交往需要、尊重需要和自我实现需要。这个理论认为，一般来说，每个人都有自己的主导性需要；当低层次需要得到满足时，人会追求更高一级的需要；也有人会在某一个层次上横向发展。二是赫兹伯格的双因素理论。他把人的需要分成两个大的层次，一个是保健因素层次，包括工资、待遇、工作条件等。另一个是激励因素层次，主要是成长、成就条件。他认为，当只是保健因素得到满足时，人们只会表示"没有不满意"，而当保健因素和激励因素都得到满足时，人们才会表示"满意"。

（2）利益在先，道德在后。

这即是利益原则。这样提出问题可能会引出疑问，因为我们在日常工作中往往是先讲道理，少讲、不讲利益的。其实这不符合我们党的传统的原则。毛泽东同志在革命战争时期不止百次、千次地大讲群众利益。试想，如果我们不讲群众利益，不为群众利益做事情，党还能存在吗？陈云同志在讲到做工人的工作时就说过："提出群众迫切要求解决的问题，这是一个关键。"我们发现，领导讲话时，如果基本是讲道理，人们就不太爱听；如果主要是讲讲具体事情，人们就比较爱听；如果讲关系人们利益的事情，那人们就会集中精力听。所以，不管讲什么事，要想说服人，就应该有意识地把人们的利益摆在前头，并要联系人们的利益去讲道理，这样才能收到好的效果。其实，说服的利益原则，应该是我们做好说服工作的起点和归宿。

（3）留有选择权。

不管你的权威多大，人们都不喜欢你去强迫他，这就是人的一种保护自身自由的心理。所以，一则，要给人以选择结果的余地。领导者可以指明方向、创造条件，但要由人们自己去选择行为的结果。二则，即使是我们在给人们选择结果，也应该造成是自己在选择自己结果的心理和认识。自然，这是一种领导艺术。

说服对方的 6 种方法

有些人说服人经常犯的弊病，就是先想好几条理由，然后去和对方辩论；还有的是站在长辈的立场上，以教训人的口吻，指点别人该怎么做。这样一来，就是等于先把对方推到错误的一方，因此，效果往往不好。

说服人的方法很多，归纳起来大致有以下几种：

（1）用高尚的动机来激励他。

在一般情况下，每个人都崇尚高尚的道德、正派的作用，都有起码的政治觉悟和做人道德，所以，在说服他人转变看法的时候，一个有效的办法就是，用高尚的动机来激励他。比如说这样做将对国家、单位带来什么好处，或将对家庭、对子女带来什么好处，或将对自己的威信有什么影响，等等。这往往能够很好地启发他，让他做应该做的事。

（2）用热忱的感情来感化他。

当说服一个人的时候，他最担心的是可能要受到的伤害，因此，在思想上先砌上了一道墙，在这种情况下，不管你怎么讲道理，他都听不进去。解决这种心态的最有效的办法就是，要用诚挚的态度、满腔的热情来对待他，在说服他的时候，要用情不自禁地感情来感化他，使他从内心受到感动，从而改变自己的态度。

（3）通过交换信息促使他改变。

实践证明，不同的意见往往是由于掌握了不同的信息所造成的。有些人学习不够，对一些问题不理解；也有些人习惯于老的做法，对新的做法不了解；还有些人听人误传，对某些事情有误解，等等。在这种情况下，只要能把信息传给他，他就会觉察到行为不是像原来想象的那么美好，进而采纳领导者的新主张。

（4）激发他主动转变的意愿。

要想让别人心甘情愿地去做任何事，最有效的方法，不是谈你所需要的，而是谈他需要的，教他怎么去得到。所以有人说："撩起对方的急切愿意，能做到这一点的人，世人必与他同在；不能的人，将孤独终生。"

探察别人的观点并且在他心里引起对某项事物迫切需要的愿望，并不是指要操纵他，使他做只对你有利而不利于他的某件事，而是要他做对他自己有利，同时又符合你的想法的事。这里要掌握两个环节：一是说服人要设身处地地谈问题，要把别人的事当作彼此互相有利的事来加以对待；二是在促使他行动的时候，最好让他觉得不是你的主意而是自己的主意。这样他会喜欢，会更加主动和积极。

（5）用间接的方式促使他转变。

说服人时如果直接指出他的错误，他常常会采取守势，并竭力为自己辩护，因此，最好用间接的方式让他了解应改进的地方，从而让他达到转变的目的。所谓间接的方法是多种多样的，如把指责变为关怀；用形象的比喻来加以规劝；避开实质问题谈相关的事；谈别人的或自己的错误来启发他；用建议的方法提出问题，等等。这就要靠领导者根据实际情况创造性地加以运用。

（6）提高对方"期望"的心理。

被说服者是否接受意见，往往和他心目中对说服者的"期望"心理有关，说服者如果威望高，一贯言行可靠，或者平时和自己感情好，觉得可以信赖，就比较愿意接受他的意见。反之，就有一种排斥心理，所以作为领导者，平时要注意多与下属交往，和他们建立深厚的感情，这样在工作的时候，就能变得主动有力。

巧策 34

公私分明，切忌手伸得太长

不要私利熏心

公私不分、假公济私或欠缺公正的私营公司经理和主管，在下属的心目中不会具有威信。

"公"与"私"分集体与个人两种价值利益，形成矛盾关系。一般讲，每个人身上都有"公"与"私"两种欲望，关键是要看你如何处理两者的关系：公私兼营是错误的，大公无私是可能的；圆满的做法是克己（私）奉公。但是由于人本身的需要层次，"公"与"私"常发生尖锐矛盾，出现因私而害公的现象。从某种意义上说，公私分明与否，是检查领导是否称职的尺度之一。如果一名私营公司领导混淆公私界线，必定会因私而害公，从而违背了"公私分明"的用权戒律。

因此切忌假公济私，而应公私分明是一名私营公司领导用权的标准，唯其如此，才能正己立身，才能管好下属，否则，就会完全掉进私欲的陷阱之中，终不能自拔，造成毁灭性打击。公私分明，为古已有之的用权戒律。

对一个私营公司的领导或经理和主管而言，公与私是不能同时满足的，因私必然害公！

因私害公的领导或经理和主管，在下属眼中就跟掉了价的大白菜一样，毫无威信可言。

人一旦做了经理和主管，自尊心就会随之提高，常常会莫名其妙地感到自己被忽视，别人一说悄悄话，或在暗中商讨事情，就会觉得很不是滋味，像某货运私营公司的张科长就是这样的。"科长，请你在请示书上盖章。"

"为什么不事先和我商量？我根本就不知道这件事。"

"可是我现在不是来告诉你了吗？"

"你早就自己决定了！可见你根本就不把我放在眼里，我更不能盖章了。"

像这种例子，屡见不鲜。的确，未经事先商讨，对科长而言，可能是不太礼貌。但科长也大可不必因此心怀恨意，如此阻碍工作进行，于己何利？

不管是上司或下属，对任何事情，都不能以"我不知道"或"我没听说"来作解释或搪塞。尤其是作为经理和主管的，即使是真的不知道，那也是你的疏忽，绝不能怪罪下属。在平时，就应该多做调查，听取下属报告，或巡视各部门的工作现况，以了解他们实际的工作情形。不能掌握下属行事的经理和主管，是一个最差劲的经理和主管。

作为私营公司经理和主管，像这种因私害公的表现最好不要在自己身上出现。

不可充当"鱼饵"

私营公司管理者为了真正做到公私分明，就要做到不被别人利用，成为别人的"鱼饵"。

交往中免不了会遇到这样的人物，他当面奉承你，转过身去却嗤之以鼻；他为了取得你的好感，事先就送上一两下掌声；为了取得你的"庇护"，他整天低声下气地围着你打转；他对你心怀不满，但当面总是笑脸，背后到处拨弄是非。这类人物，有着两张脸皮，有着双重人格，与这样的人打交道，你必然会感到艰难。

的确，有些人就是这样的圆滑世故，八面玲珑，喜爱耍弄手腕，甚至是吹牛拍马，两面三刀，有事没事就放两支冷箭。对此类行为若处理失当，很可能会使交往"触礁"。

我们都会期待着比较纯洁的交往关系，而你一旦发现遇上了诸如圆滑世故、两面三刀之类的"暗礁"，又怎么可能立即撕破脸皮，跟人断交呢？所以，仅仅对此类行为厌恶、回避是远远不够的，还需要对这类交往对象有一个比较深的了解。

一般说来，比较圆滑世故的人，甚至包括那些吹牛拍马、两面三刀的人，都是一些善于保护自己的人。他们对自己看得比别人要重得多，所以在交往过程中穿上了重重的铠甲。其实，善于保护自己并不是什么错，问题是把交往对象全都变成了防范对象、算计对象，所采用的保护手段又违背了真诚友善、坦诚相见的道德规范，就会使自我保护变成了损害正常交往关系的行为。

我们可以厌恶这种行为，但不必厌恶行为者本人。具体说来，我们在反对不正派行为的时候，不要去伤害人家的自尊心，不要损害他们如此费心地保护着的那个"自己"。比方说，他为了赢得廉价的喝彩声才对你奉上掌声时，你不妨先冷静下来，真诚地向他申明，在需要得到人家的支持这一点上，你们是一致的，但是，要想真正获得别人的支持和赞美，要靠自己的真才实学，要靠自己的辛勤劳动。在他为寻求"庇护"才围着你打转时，你也不妨帮助他认清自己的力量，鼓励他培养独立的人格，走自己的路，切不可简单地拒绝所谓肉麻的奉承。简单拒绝只会伤害对方的自尊心，加速你"触礁"的进程。鼓励他的自尊心，帮助他建立起独立的人格，帮助他完成真正自我保护，满足他的要求，你会得到他的真诚"掌声"。

　　一个正直的人，面对这种现象，还会产生一种被利用感。这种感受的出现，主要是那些非常善于保护自己的人确实想利用交往关系来达到自己的某种目的。甚至可以说，有的人之所以选择你作为交往对象，就是因为你的某种优势符合他的某种需要。一旦发现自己处于被利用的地位，该怎么办呢？

　　在交往关系中，我们不能容忍只顾私利的行为，更不能以损害大多数人的利益为代价，来满足交往群体中个别成员的私欲。但是，平心而论，在相互关系中，都有着权利与义务的统一，都有着各自向对方所抱有的希望和要求。剔除了那些非原则的、损害他人利益的成分，抹去了那些具有强烈私欲的色彩，交往当中总应当相互有所满足。这就需要谨慎地划出一条原则界限，帮助交往对象回到原则的范围之内来，并且尽可能地做出自己的奉献。比如，一个人想得到赞扬，想得到别人的尊重，这是自尊心、荣誉感的表现。如果我们帮助他放弃通过私人关系的途径去获取的企图，而通过自己的努力去谋求，那就不能视为一桩坏事。相反，在他努力地靠自己的力量去追求目标的时候，就应当提供足够的支持。一个人有物质上的需求，这本来也是正当的，如果我们帮助他摆脱借用他人权势的动机，并为他提出符合原则的实事求是的建议，那当然也是合情合理的。总之，划出一条原则界限，摆脱利用与被利用的关系，使它们留在原则界限之外，你也就不会产生被利用的感觉了。简单地回绝，只会把关系搞得更加复杂化。

　　一个人对不正派行为的厌恶感，是一种可贵的感情，需要小心地加以保护。如果没有这种情感，便可能在熟人面前，在朋友面前，在"关系户"面前，失去自己的原则立场和坚持操守的稳定感，而成为被利用的可悲角色。面对不正派行为，不觉得厌恶，久闻不知其臭，更有可能滑向甘之若饴的地步，几声奉承就感到飘飘然，无原则地为人办事，便会产生一种权势的自我满足，结果，还会从被利用的地位上慢慢滋生出利用别人的欲望，使利用与被利用的关系恶性发展为相互利用的关系。但也不可把这种情感简单化、绝对化，要把不正派的行为与行为的当事人区别开来，对事不对人，即对其行为要"厌"、要"恶"，但对其人要"尊"、要"爱"，这是处理复杂人际关系的一条重要原则。

稳扎稳打，不要急于求成

不急不躁，以理服人

任何人难免犯错误，即便是一些职务很高的人也不例外。对于我们私营公司干部的过错，

松下幸之助决不会视而不见，对他们采取姑息宽容的态度。相反，松下幸之助要提出书面批评，提醒他们改正错误。

松下幸之助批评人的宗旨是以理服人。譬如，有一次，松下幸之助把一个犯有过失的干部叫来，对他说："我对你的做法提出书面批评。当然，如果你对我的批评毫不在乎，那么，我们的谈话就到此为止；如果你对此不满，认为这样太过分了，你受不了，我可以作罢；如果你心服口服，真心实意地认为我的批评有道理，那么，尽管这种做法会使你付出一定代价，但它对你仍然是值得的，你通过深刻地反省，会逐渐成为一名出类拔萃的干部，请你考虑一下。"

听了松下幸之助的这番话，那个干部说："我都明白了。"于是松下幸之助又问："是真的明白了吗？是从心底里欢迎批评吗？"他答道："的确这样想。"接下来他又说："这太好了。我会十分高兴地向你提出批评的。"

正当松下幸之助要将批评书交给那个干部时，他的同事和领导来了。他说："你们来得正好，我向 ×× 君提出了批评书，现在让他读给你们听听。"

待那个干部读完批评书后，松下幸之助对他们三个说："你们是很幸运的。如果能够有人这样向我提批评，我会感到由衷的高兴。但是我想，假如我做错了事，恐怕你们只敢在背地里议论，而绝对不会当面批评我的。那么，我势必会在不知不觉中重犯错误。职务越高，接受批评的机会就越少。你们的幸运就在于，有我和其他领导监督你们，批评你们，而这种机会对我来说是求之不得的。"

也许松下幸之助批评人的这种方式不合乎常理，使人难于接受。不过，令人欣慰的是，那个干部心悦诚服地接受了批评，而且果真成了一名优秀的干部。

私营公司管理者的言辞技巧是什么呢？

千万不可意气用事

想要让对方同意你的意见，第一步就是要设法先了解对方的想法与凭据来源。

曾经有一位很优秀的私营公司管理者这么说：

"假如客户很会说话，那么我已有希望成功地说服对方，因对方已讲了七成话，而我们只要说三成话就够了！"

事实上，有很多人为了要说服对方，就精神十足的拼命说，说完了七成，只留下三成让客户"反驳"。这样如何能顺利圆满地说服对方？所以，应尽量将原来说话的立场改变成听话的角色，去了解对方的想法、意见，以及其想法的来源或凭据，这才是最重要的。

一旦已经了解对方的想法与立场，第二步所要做的，就是如何对应与处理。

例如，当你感觉到对方仍对他原来的想法抱有坚持不舍的态度，其原因是尚有可取之处，所以他反对你的新提议，此时最好的办法，就是先接受他的想法，甚至先站在对方的立场发言。

"我也觉得过去的做法还是有可取之处，确实令人难以舍弃。"先接受对方的立场，说出对方想讲的话。

为什么呢？因为当一个人的想法遭到别人一无是处的否决时，极可能为了维持尊严或咽不下这口气，反而变得更倔强地坚持己见，排拒反对者的新建议。若是说服别人沦落到这地步，成功的希望就不大了。

曾经有一个实例，某家庭电器私营公司的推销员挨家挨户推销洗衣机，当他到一户人家里，看见这户人家的太太正在用洗衣机洗衣服，就忙说：

"哎呀！这台洗衣机太旧了，用旧洗衣机是很费时间的，太太，该换新的啦……"

结果，不等这位推销员说完，这位太太马上产生反感，驳斥道：

"你在说什么啊！这台洗衣机很耐用的，到现在都没有故障，新的也不见得好到哪儿去，我才不换新的呢！"

过了几天，又有一名推销员来拜访。他说：

"这是令人怀念的旧洗衣机，因为很耐用，所以对太太有很大的帮助。"

这位推销员先站在太太的立场上说出她心里想说的话，使得这位太太非常高兴，于是她说：

"是啊！这倒是真的！我家这部洗衣机确实已经用了很久，是太旧了点，我倒想换台新的洗衣机！"

于是推销员马上拿出洗衣机的宣传小册子，提供给她做参考。

这种推销说服技巧，确实大有帮助，因为这位太太已被动摇而产生购买新洗衣机的决心。至于推销员是否能说服成功，无疑是可以肯定的，只不过是时间长短的问题了。

善于观察与利用对方微妙心理，是帮助自己提出意见并说服别人的要素。

一般来说，被说服者之所以感到忧虑，主要是怕"同意"之后，会不会发生意想不到的后果；如果你能洞悉他们的心理症结，并加以防备，他们还有不答应的理由吗？

至于令对方感到不安或忧虑的一些问题，要事先想好解决之道，以及说明的方法，一旦对方提出问题时，可以马上说明。如果你的准备不够充分，讲话模棱两可，反而会令人感到不安。所以，你应事先预想一引起对方可能考虑的问题，此外，还应准备充分的资料，给客户提供方便，这是相当重要的。

第三步让对方充分了解说服的内容。

有时，虽然有满腹的计划，但在向对方说明时，对方无法完全了解其内容，他可能马上加以否定。另外还有一种情形是，对方不知我们说什么，却已先采取拒绝的态度，摆出一副不会被说服的模样；或者眼光短窄，不听我们说者也大有人在。如果遇到以上几种情形，一定要耐心地一项项按顺序加以说明，务求对方了解我们的真心旨意，这是说服此种人要先解决的问题。

对于前面所提第一种情形，即不能完全了解我们说服力的内容者，千万不可意气用事，必须把自己新建议中的重要性及其优点，一下打入他的心中，让他确实明白。举一个例子加以说明，假如你前往说服别人，第一次不被接受时，千万不可意气用事地说：

"讲也是白讲！"

"讲也讲不通！浪费唇舌。"

一次说不通就打退堂鼓，这样是永远没有办法使说服成功的，更无法成为一个优秀的私营公司管理者。前面所提的三个步骤，应善于利用与学习，有助于说服的增强。

巧策 36

能言善辩，不让利益从嘴上跑掉

谈判中的 9 点禁忌

无论是正规的商贸谈判，还是一般的推销业务洽谈，都要有人参加。因此，要想获得谈判的成功，除注意实力、技巧等等以外，在人本身上下功夫，也能收到相当不错的效果。因此，掌握了谈判对手的特点、习惯，将有助于谈判进程；最起码，也可以避免在一些方面犯一些低级错误，影响谈判。

一般来说，人们谈判容易犯以下的毛病：

（1）忽视或不重视同对手建立信任关系。

虽说是商业社会，但信任还是关系重大。谈判者请律师和订合同的事越来越多，这些并不能取代谈判者互相信任的必要性。不过，除非先建立信任关系，否则律师和合同可能永远不会进入谈判之列。对手如果不信任你，即使他们对你的建议感兴趣，可能也不会同你做生意。谈判中，怀疑通常会打消赚钱的愿望。

所以，同人谈生意的第一条原则是：先信任、后生意。

（2）等级不分。

人的等级意识相当浓厚，同时又相当地保守。和你谈判的人员，往往是当地的上等阶级，而且年龄也不会小。故此，这些人的等级意识和保守性就更甚。他们认为不遵守这些等级制度的人是不文明的。

判断你是否能够与之来往的文明人，往往是经理和主管人员最先考虑的问题。谈判对手可能先是确信——通过同事和朋友的反馈证实——你的确是他发现的一个与众不同的谈判对手，一个真正文明的谈判者，然后才能开始真正地把你看作伙伴、卖主或者甚至买主。

（3）不拘礼节。

谈判规定的各种礼仪是不能违背的，它们保留至今是为了得到遵守。因此，谈判对手不会原谅违背当地礼节的行为，特别是社交场合令人尴尬的失礼行为，尽管这是由于你的无知造成的。在谈判桌上，无知是最不能容忍的借口。谈判对手可能因为你态度谦恭而不公开指出你的错误，但是他会记在心上。

（4）过分热情。

谈判对手不一定郁郁寡欢，但也不过分热情。他们往往谨慎、冷静、善于分析、老成持重，不轻易做出承诺，记住过去的教训而对未来想得很远；他们最不喜欢压力。

许多谈判对手因为对方做生意的热情太高而打消了做生意的念头。一般讲，自己的热情引起了对手的戒心，使人起一方拥有的而另外一方失去的财富和势力。因此，做生意，千万不要炫耀自己的热情。

（5）轻视谈判前的闲谈。

闲谈不是谈判前的事情，而是谈判的开始。做不做生意往往是在喝咖啡的瞬间，甚至还没有讨论具体事情以前决定的。必须学会先谈一些无关紧要的小事，尔后再谈重要的大事。

（6）附属材料中的禁忌。

商人是认真的，因此提供给他们的附属材料应该反映这一点。为他们设计凉快、整洁、清晰、精致，但要保守，避免用花花绿绿的颜色，要雅致而不花哨。

（7）过分重视律师的作用。

谈判通常是需要律师的。但这并不说明律师能起很大的作用，即使建立了牢固的关系，在未来的谈判中可能也没有律师的位置。

人们根本不习惯长篇累牍的详细文件，律师的介入有时会使生意一下子复杂起来，许多谈判人会就此后退。

（8）热衷于打官司。

传统认为，控告别人是不文明的。如果你同一家私营公司对合同有分歧，解决争端的办法更可能是由仲裁人在法庭外裁定，而不是由法官在法庭上判决。通常，有争论的双方坐下来自己设法解决。

（9）防止记忆错乱。

一般讲，谈判时总是把对方的姓名、品牌、项目、地点、时间等说错了，往往给对方造成一种你不严肃认真的感觉，充分产生厌烦心理，从而会影响谈判的效果。因此，谈判时一定要准确记住对方提供的所有信息。

谈判现场的 5 点要求

谈判时的临场发挥是相当重要的，直接关系到谈判的质量和效果。因此，谈判高手往往都是现场大师。有下面 5 点要术，值得提出：

（1）切忌随意。

谈判应该纪律性强、谨慎、说话简单明了。切忌迟到；在谈判前就做好准备，切忌仓促上阵；保持高效率，高标准。

（2）切忌急躁不安。

和人谈判时，一定要有耐心，急躁或指责对方是不行的。也不要热衷于讨价还价。

（3）切忌目光游移不定。

会谈以及其他时候，与对方进行眼光接触是重要的。它保证引起注意，显示诚意，并在个人之间形成一种微妙而有意义的联系。

（4）谈判人员的组成。

①忌用主要行政官员和其他高级官员。

②不要在谈判过程中偷偷地增加人数。

③谈判团里不要包括律师、会计师和其他职业顾问。

④不要中途更换谈判人员。要是你中途换人，那就意味着你软弱，没有一致性和诚意。

（5）谈判时的表现。

①最初试探，切忌做出任何让步。

②介绍情况，切忌夸张。

③不要直率地陈述你的建议，亦不要在建议后把附加条款和条件列出来。这样才能使谈判顺利进行下去。

④介绍情况，切忌使用高压政策。在介绍情况时，你的策略应当是劝说，而不是施加压力。

⑤当对手做出反应时，你要有所准备，要冷静而有耐心，切忌做出某种愤怒和敌对的反应。

⑥讲话不要太冲，切忌过分咄咄逼人。

⑦谈判过程中，切忌透露过多的信息。在做交易、互相提要求的过程中，不要忘了谈判的基本原则：信息就是实力。最好不要轻率地透露出太多的情

况。你的对手了解到的越多，他的地位就越有利。你所要精通的就是在答复他们问题的同时提出你自己的问题，并尽量从他们口中套出直接明了的回答。

⑧切忌报价太高，在每次谈判中，一方或另一方都常常会考虑提高自己的报价。

⑨切忌暴露最后期限。谈判对手肯定会到处打探，以得到你的最后期限。千万不要让他们知道。实际上，你要采取相反的策略。要装得好像你要多少时间就有多少时间似的，表现出漫不经心、满不在乎的样子。对方也是会这么做的。在谈判桌上，觉得对方时间充裕而自己的时间有限，总是在心理上处于劣势。所以，你要保持冷静，不要透露你的最后期限。如有可能，就别管什么最后期限，因为绝大多数的最后期限都是谈判的结果。

⑩处于僵局时的禁忌。谈判不可能总是按部就班、一帆风顺的，如果你不是过于慷慨的话，谈判都很难是十分顺利的，很容易发生争论（尽管不会发生在言词上），并陷入僵局。这时，你应勿急勿躁、妥善处理。只要处理得好，僵局是有可能打破的。